시경

내 마음을
울리는
삼천 년 전
옛 노래

시경

내 마음을
울리는
삼천 년 전
옛 노래

정경미 글

이정호 그림

웅진주니어

◐ —— 일러두기

• 이 책은 『시경』의 시 305편 중에서 14편을 새롭게 읽어 본 것입니다. 요즘 우리들에게도
  공감의 폭이 넓다고 생각한 국풍의 시를 골랐어요.
• 원문과 한자에 대한 풀이는 여러 서적과 강의안을 참고해서 독자적으로 했음을 밝힙니다.
• 인명과 지명 등 외래어 표기는 국립국어원 외래어 표기법을 따랐습니다.

울음과 울림 사이

십 년 전, 고전 강좌에서 『시경』을 처음 만났습니다. 사서삼경 중 하나라는 얘기는 들었지만 직접 읽어 보지는 못 했어요.

어려운 한자로 쓰였더라도 『논어』나 『맹자』는 읽기 쉽고 재미있게 풀이된 책이 많은데 이상하게 『시경』은 접하기가 힘들었어요. 시를 풀이하는 게 다른 글보다 어려워서 그렇다고 합니다. 짧은 글 속에 많은 뜻과 느낌이 들어 있으니 쉽게 설명하기가 힘든 거죠.

『시경』은 지금으로부터 약 삼천 년 전 사람들이 불렀던 노래들을 공자님이 모아서 책으로 엮은 거라고 합니다.

삼천 년 전……, 정말 까마득한 옛날이죠. 그런데 이 옛날 노래들이 너무나 생생하게 와 닿았습니다. 그들이 느꼈던 기쁨으로 내 마음이 환해졌고, 그들이 느꼈던 슬픔으로 내 가슴이 저렸어요.

참 이상한 일이죠? 어떻게 수천 년 전 노래가 사람의 마음을 이렇게 흔들어 놓을 수 있을까요? 온몸의 세포를 활짝 열어 놓고, 다채로운 빛깔로 물들게 하고, 오장육부에 사무치고, 뼛속까지 저리게 할 수 있을까요?

처음 『시경』을 읽었을 때 가장 감동했던 시는 「백주柏舟」예요. 사랑을 잃은 여자가 닻도 없고 돛도 없이 물결 위에 둥둥 떠가는 잣나무 배처럼 의지할 곳 없는 자기 처지를 한탄하는 노래입니다.

요즘은 여자도 능력 있으면 혼자 살 수 있지만 옛날에는 그렇지 않았나 봐요. 혼자 농사를 지을 수도 없고, 장사를 할 수도 없으니 먹고살 길이 막막한 거죠. 게다가 주위 사람들에게 하소연해 봐도 위로는커녕 지탄만 합니다. 네가 얼마나 못났으면 이런 지경이 됐냐고 말이죠. 여자는 자다 일어나 가슴을 땅땅 치며 탄식합니다.

"근심이 많은 마음이여, 빨지 않은 옷과 같구나!"

이 구절이 가슴에 비수처럼 날아와 꽂혔습니다. 나도 주위에 얘기할 사람이 없어 답답한 처지였거든요. 그런데 나보다 더 답답한 심정을 노래하고 있는 이 시를 읽으니까 갑자기 속이 후련해졌어요.

마음속에 하고 싶은 말이 가득한데 표현할 길이 없어 꽉 막혔던 것을 시가 대신 표현해 줘서 숨통이 탁 트이는 느낌! 나는 갑자기 해방이 된 것 같았습니다.

　　『시경』은 내가 혼자일 때 찾아와 준 친구입니다. 혼자 답답해하고 있을 때 조용히 내 말을 들어 준 친구. 내 속에 갇힌 울음을 나보다 더 크게 울어 준 친구. 그런 친구를 만나자 내 속에 갇혀 있던 울음은 세상 밖으로 나와 커다란 울림이 되었습니다.

　　혼자 울면 '울음'에 그치지만 함께 울면 '울림'이 됩니다. 함께 공명하는 친구를 만나면 지질한 삶도 아름다운 노래가 됩니다. 지금 혼자라고 생각된다면 『시경』과 함께 후련하게 울어 보세요!

　　함께 커다란 울림을 만들어 봅시다!

2014년 11월

정경미

차례

·· **머리말** 울음과 울림 사이 ····· 5

·· 어디에 있을까 나의 반쪽은

　　관저關雎 꽝꽝 우는 물수리 ····· 12

　　표유매摽有梅 매실이 떨어집니다 ····· 22

　　모과木瓜 모과를 던지다 ····· 30

　　정녀靜女 붉은 대통 빛나니 ····· 38

·· 『시경』은 어떤 책일까? ····· 46

·· 사랑을 잃고 삶을 만났네

　　권이卷耳 도꼬마리 뜯고 뜯어도 ····· 52

　　숙우전叔于田 그대가 사냥을 나가니 ····· 60

　　백주柏舟 두둥실 떠 있는 잣나무 배 ····· 70

　　곡풍谷風 씀바귀가 냉이처럼 달구나 ····· 82

　　석서碩鼠 큰 쥐야 큰 쥐야 ····· 96

　　격고擊鼓 북소리 둥둥 ····· 104

『시경』은 어떻게 표현할까?　　　　　　　　　　• • • • • 114

봄바람처럼 다사롭게 대숲처럼 청청하게
　　　개풍凱風 따스한 바람이 남쪽에서 불어와　　• • • • • 120
　　　기욱淇奧 자르는 듯 다듬은 듯 쪼는 듯 가는 듯　• • • • • 130
　　　고반考槃 숨어 사는 즐거움　　　　　　　• • • • • 144
　　　소성小星 반짝반짝 작은 별　　　　　　　• • • • • 152

『시경』을 읽으면 뭐가 좋을까?　　　　　　　　• • • • • 160

맺음말 감응과 소통의 노래　　　　　　　　　• • • • • 166

어디에
있을까
나의
반쪽은

광광 우는
물수리

관저關雎

광광 우는 물수리 강가의 모래섬에 있도다.
아름다운 아가씨는 군자의 좋은 짝이로세.

들쭉날쭉 마름 풀을 이리저리 물길 따라 따노라.
아름다운 아가씨를 자나 깨나 구하도다.
구하여도 얻지 못하니 자나 깨나 생각하네.
아, 그리워라 잠 못 들고 이리 뒤척 저리 뒤척.

들쭉날쭉 마름 풀을 이리저리 따노라.
아름다운 아가씨와 거문고 타고 비파 타며 놀았으면.
들쭉날쭉 마름 풀을 이리저리 다듬노라.
아름다운 아가씨와 종 치고 북 치며 놀았으면.

　『시경』의 첫 시는 주남 편의 「관저關雎」입니다. 「관저」는 쉽게 말
해서 짝을 찾는 노래예요. 강가의 물수리가 짝을 찾아 광광 우는 것과
같이 "군자에게 어울릴 아름다운 아가씨는 어디에 있는가?" 하면서 자
신의 반쪽을 찾는 노래랍니다.

關關雎鳩　在河之洲
관 관 저 구　재 하 지 주
광광 우는 물수리 강가의 모래섬에 있도다.

窈窕淑女　君子好逑
요 조 숙 녀　군 자 호 구
아름다운 아가씨는 군자의 좋은 짝이로세.

　"뭐야, 짝 찾는 게 뭐 그리 대단한 일이라고 공자님은 책 첫머리에
이 시를 둔 거지?" 이렇게 묻는 친구들도 있겠지요.

하지만 짝을 찾는 일은 하찮은 일이 아닙니다. 그것은 세상 모든 일의 근본입니다. 남녀의 만남은 모든 관계의 시작이기 때문이죠. 남녀가 만나야 자식을 낳고, 자식이 어울려 집안을 이루고, 집안이 모여 사회를 만들기 때문입니다.

좋은 짝을 만나는 일은 사람살이의 시작이고 조화로운 세상의 근본이니, 이 일이 제대로 이루어진 다음에야 세상이 온전해진다고 옛 성현들은 말씀하셨어요.

조선 시대에는 결혼 적령기가 되었는데 결혼을 하지 못한 노총각, 노처녀들이 나라의 큰 걱정거리였습니다. 노총각, 노처녀들의 한 때문에 가뭄이 들고 홍수가 나고 곡식이 잘 익지 않는다고 생각했어요.

『중종실록』에 보면 겨울에도 천둥이 치고 대낮에 금성이 나타나는 등 천재지변이 일어나자 나라에서 노총각, 노처녀들을 빨리 결혼시킬 대책을 마련하느라 고심했다고 합니다.

정약용 선생님도 『경세유표』라는 책에 백성을 사랑하는 정책 중 하나로 "30살이 되도록 장가를 못 간 남자와 25살이 되도록 시집을 못 간 여자는 관에서 성혼시켜야 한다."고 썼대요.

흠, 이쯤 되면 점잖으신 공자님께서 짝을 찾는 구애가를 왜 그렇게 중요하게 생각했는지 이해가 되지요? 음양의 조화가 만물의 근본인데 그 이치가 어그러지면 나라도 제대로 다스려지지 않는다는 것!

參差荇菜　左右流之
참 치 행 채　좌 우 유 지
들쭉날쭉 마름 풀을 이리저리 물길 따라 따노라.

窈窕淑女　寤寐求之
요 조 숙 녀　오 매 구 지
아름다운 아가씨를 자나 깨나 구하도다.

求之不得　寤寐思服
구 지 부 득　오 매 사 복
구하여도 얻지 못하니 자나 깨나 생각하네.

悠哉悠哉　輾轉反側
유 재 유 재　전 전 반 측
아, 그리워라 잠 못 들고 이리 뒤척 저리 뒤척.

'전輾'은 반 바퀴 구르는 것이고 '전轉'은 한 바퀴 완전히 뒹구는 것입니다. '전輾'은 왼편으로 누웠다가 오른편으로 누웠다가 하는 모습, '전轉'은 천장을 보고 누웠다가 바닥에 엎드려 누웠다가 하는 모습을 나타내지요. 그러니까 '전전반측輾轉反側'은 잠을 이루지 못해 좌우로 돌아누웠다 앞뒤로 엎치락뒤치락한다는 뜻입니다.

아니, 도대체 왜 잠이 안 온다는 것일까요? 종일 고달프게 일한 사람은 이해가 잘 안되는 일입니다. 잠잘 시간이 부족한 게 문제지 잠이 왜 안 와? 게을러서 그런 게지. 낮에 부지런히 일하지 않고 빈둥거리니까 밤에 잠이 안 오는 게야. 혹시 무더운 여름날 열대야 때문에 못 자는 건가?

이 시에서 '전전반측'하는 건 게으름 때문도 열대야 때문도 아닙니다. 그리움 때문이지요.

군자는 아름다운 아가씨를 애타게 찾아 헤맵니다. 하지만 짝 만나기가 어디 그리 쉬운가요? 그러니 밤새 잠 못 들고 이리 뒤척 저리 뒤척 하는 것입니다.

'들쭉날쭉 마름 풀을 이리저리 물길 따라 따노라'라는 구절을 보니 마름 풀을 뜯으며 이 노래를 불렀나 봅니다. 일하면서 노래를 부르면 힘도 덜 들고 흥도 나니까요.

『시경』에는 풀을 뜯는다든지 쑥이나 칡을 캔다든지 하면서 불렀던 노래들이 많답니다. 일과 놀이가 분리되지 않고 하나였다는 게 요즘 우리들의 생활과는 다르네요.

요즘은 노래 만드는 사람이 따로 있고 부르는 사람, 듣는 사람이 따로 있지요. 『시경』에는 생활 속에서 만들어져서 함께 불렀던 노래들이 많습니다. 그래서 시에 삶의 모습이 자연스럽게 묻어납니다.

풀 뜯다가 함께 노래 부를 때 강가의 물수리가 짝을 찾아 광광 우는 모습을 보면서 짝을 찾는 사람의 마음도 함께 노래한 거지요.

參差荇菜　左右采之
참 치 행 채　좌 우 채 지
들쭉날쭉 마름 풀을 이리저리 따노라.

窈窕淑女　琴瑟友之
요 조 숙 녀　금 슬 우 지
아름다운 아가씨와 거문고 타고 비파 타며 놀았으면.

參差荇菜　左右芼之
참 치 행 채　좌 우 모 지
들쭉날쭉 마름 풀을 이리저리 다듬노라.

窈窕淑女　鐘鼓樂之
요 조 숙 녀　종 고 락 지
아름다운 아가씨와 종 치고 북 치며 놀았으면.

　　마지막 구절에 와서는 마침내 그리워하던 짝을 만납니다. 실제로 만난 건 아니고, 만나는 상상을 하지요. 짝과 함께 거문고와 비파를 타고 놀았으면, 종과 북을 치며 놀았으면! 이런 소망으로 시는 끝을 맺습니다.

　　공자님은 『논어』 팔일 편에서 「관저」를 두고 '낙이불음 애이불상樂而不淫 哀而不傷', 즉 "즐겁되 지나치지 않고, 슬프되 마음을 상하지 않는다."라고 했습니다. 대체 어떤 뜻일까요?
　　우리는 이상하게 기쁨을 거짓으로 꾸미는 경우가 많아요. 친구가 전교 1등을 했다. 그러면 기쁜가요? 솔직히, 배가 아프죠. 그런데 기쁜 척합니다. 또 우리는 슬픔을 과장하는 버릇이 있어요. 어머니가 돌아가셔도 우리는 밥을 먹고 잠을 자고 친구도 만납니다. 그런데 계속 침통한 표정으로 있는 건 진짜 슬픈 게 아니라 슬픈 척하는 거죠.

『시경』의 노래들은 그렇지가 않습니다. 기쁠 땐 온전히 기뻐하고, 슬플 땐 온전히 슬퍼합니다. 거짓으로 꾸미거나 과장하지 않아요.

온전히 기뻐함으로써 자신만의 기쁨에 머물지 않고, 온전히 슬퍼함으로써 자신만의 슬픔에서 빠져나오는 것. 이것이 바로 공자님이 말씀하신 '낙이불음 애이불상'의 경지가 아닐까요?

진솔한 감정을 표현하되, 거짓이나 과장 없이 표현함으로써 자신만의 감정에서 벗어나 널리 세상과 소통하는 것. 이것이 바로 오랜 세월이 지나도 『시경』이 우리에게 커다란 울림을 주는 이유인 것 같습니다.

고사성어의 고향, 『시경』

'고요할 요窈', '조용할 조窕', '맑을 숙淑', '여자 녀女'. 심성이 그윽하고

속이 깊어서 다른 사람의 마음을 잘 헤아리는 여자를 요조숙녀라고 하나 봐요.

옛날에는 외모나 행동은 요란하지 않는데 심성이 곱고 지혜로운,

그래서 멋진 남자인 군자에게 어울리는 멋진 여자를 요조숙녀라고 했습니다.

요즘은 남자에게 의존하는 수동적인 여자, 겉으로만 얌전한 체하는

내숭쟁이를 요조숙녀라고 놀리기도 합니다만, 원래 이 말은 여자에 대한

최고의 찬사였지요. 전전반측, 요조숙녀 같은 요즘 우리가 흔히 쓰는

고사성어가 「관저」에서 나왔어요.

이 외에도 본이 되지 않은 남의 말이나 행동도 자신을 수양하는 데

도움이 된다는 뜻의 '타산지석'(「학명」), 뻔뻔스러워 부끄러움이

없음을 나타내는 '후안무치'(「교언」), 이러지도 저러지도 못하고

꼼짝할 수 없는 궁지를 이르는 '진퇴유곡'(「상유」), 나날이 자라거나

발전한다는 뜻의 '일취월장'(「경지」), 부부가 한평생 사이좋게 지내고

즐겁게 함께 늙는 모습을 나타내는 '백년해로'(「격고」) 등

『시경』에서 유래된 고사성어가 아주 많답니다.

매실이 떨어집니다

표유매摽有梅

매실이 떨어집니다.
열매 일곱 개 남았네요.
나를 맞이할 그대는
좋은 날 오기를.

매실이 떨어집니다.
열매 세 개 남았네요.
나를 맞이할 그대는
지금 오기를.

매실이 모두 떨어졌습니다.
광주리에 주워 담습니다.
나를 찾는 그대여
말이라도 건넵시다.

　　소남 편의 「표유매標有梅」는 동양 문화권의 대표적인 구혼가입니다. 간결한 표현에 보편적인 정서를 담고 있어 아이부터 어른까지 누구나 좋아하는 『시경』의 인기 가요랍니다.

　　"결혼할 사람을 찾습니다! 나를 좋아하는 남자여, 빨리 와서 나랑 결혼해 주세요!" 이렇게 소리치는 노래인데, 간결한 구절이 반복되면서 뜻이 조금씩 변해 가는 재미가 있습니다. 소리 내어 읽으면 더욱 경쾌해요. 표유매 기실칠혜 구아서사 태기길혜!

標有梅
표 유 매
매실이 떨어집니다.

其實七兮
기 실 칠 혜
열매 일곱 개 남았네요.

求我庶士
구 아 서 사
나를 맞이할 그대는

迨其吉兮
태 기 길 혜
좋은 날 오기를.

여기에서 "결혼할 사람을 찾습니다."라고 외치는 이는 누구인가
요? 바로 매실나무죠. 시에서 나는 무엇이나 될 수 있습니다. 구름이
될 수 있고, 꽃이 될 수 있고, 나무도 될 수 있지요. 이 시에서 나는 매실
나무가 되었네요.

매실은 여러분도 잘 아실 거예요. 열매를 그냥 먹지는 않고 주로
차를 끓여서 먹죠. 슈퍼마켓에서 파는 음료 중에도 매실 주스가 있잖
아요. 매실은 피로 회복에 좋고, 몸속의 독소를 제거해 주며, 소화도
도와줘서 현대인에게 인기가 많습니다. 이렇게 우리에게 유익한 매실
나무 같은 여자라면 아주 건강하고 지혜로운 여자임에 틀림없어요.

여성의 생명력을 흔히 과일나무에 비유합니다.

꽃 피기 전의 아직 어린 나무는 소녀에 해당됩니다. 꽃 피는 시기
는 청춘 무렵, 여성이 가장 젊고 생기발랄한 시기를 뜻하지요. 나무가
열매를 맺는 것은 여자가 결혼해서 아이를 낳는 것을 나타냅니다. 열매
가 다 떨어지고 잎도 다 진 나무는 노년기에 접어든 여성을 뜻하지요.

이 시에서 매실나무는 열매가 일곱 개였다가, 세 개였다가, 열매가 다 떨어진 나무로 점차 변합니다. 세월이 변하는 자연스러운 과정이겠죠. 자연의 변화를 여성의 생명력과 연결해 재미있게 표현했습니다.

摽有梅
표 유 매
매실이 떨어집니다.

其實三兮
기 실 삼 혜
열매 세 개 남았네요.

求我庶士
구 아 서 사
나를 맞이할 그대는

迨其今兮
태 기 금 혜
지금 오기를.

열매가 일곱 개인 때는 결혼하기에 딱 좋은 때입니다. 생명력이 가장 왕성한 나무와 같습니다. 이때는 여유가 있으니까 "좋은 날 오세요."라고 했지요.

생명력이 왕성한 때와 다르게 열매가 떨어지기 시작하면 마음이 급합니다. 까딱하면 혼기를 놓치고 마니까요. 그래서 열매 세 개 남은 매실나무는 "지금 당장 오세요."라고 합니다. 그런데 이 시기도 지나버리면 어떨까요?

摽有梅
표 유 매
매실이 모두 떨어졌습니다.

頃筐墍之
경 광 기 지
광주리에 주워 담습니다.

求我庶士
구 아 서 사
나를 찾는 그대여

迨其謂之
태 기 위 지
말이라도 건넵시다.

매실나무에 열매가 다 떨어졌어요. 흑흑! 실의에 빠진 매실나무는 "말이라도 건넵시다!"라고 외칩니다. "좋은 날 오세요."에서 "지금 당장 오세요."로 바뀌고 "말이라도 건넵시다."로 이어지는 과정이 흥미롭지요?

이 시에서 더욱 재미있는 것은 여성이 적극적으로 자기 할 말을 다 한다는 점입니다.

요즘은 남녀 차별이 없는 시대고 옛날에는 여성들이 남성들의 지배를 받으며 기죽어 살았다고 생각하기 쉽지만 『시경』을 보면 그렇지가 않아요. 여성들이 아주 적극적입니다. 생활력이 강하고, 감정을 솔직하게 표현하고, 자기 욕망에 충실합니다. 어떤 어려운 상황에서도 기죽지 않고 자기 할 말 다 해요.

이 시에서도 "결혼할 사람을 찾습니다." 하면서 여성이 공개적으로 구혼을 하고 있잖아요. 아니, 이 말을 어떻게 여자가 한담? 여자는 얌전하게 남자가 결혼하자고 할 때까지 기다려야지! 요즘도 이렇게 생각하는 사람이 많은데 삼천 년 전 그녀는 남 눈치 안 봅니다.

열매가 다 떨어져서 결혼하자고 말하기 힘들어졌을 때도 이제는 다 망쳤다면서 자포자기하지 않아요. 씩 웃으며 "말이라도 건넵시다." 라고 합니다. 정말 씩씩하지 않나요?

그렇죠. 정말 삶을 사랑하는 사람이라면 노처녀가 됐다고 인생을 포기하지 않아요. 그 상황에 맞게 새로운 삶을 꾸려 나갑니다. 뿌리가 유용한 나무가 될 수도 있고, 열매가 떨어진 자리의 씨앗이 봄날의 새로운 싹을 준비할 수도 있으니까요.

매실이 떨어집니다. 열매 몇 개 남았나요? 하나도 안 남았더라도 걱정하지 마세요. 열매가 몇 개 남았든 우리의 삶에 대한 열정은 변함없을 테니까요.

모과를
던지다

모과木瓜

그녀가 나에게 모과를 주었네.
나는 그녀에게 옥돌을 주었네.
보답을 하려는 게 아니라
그녀랑 친해지고 싶어서.

그녀가 나에게 복숭아를 주었네.
나는 그녀에게 옥돌을 주었네.
보답을 하려는 게 아니라
그녀랑 잘 지내고 싶어서.

그녀가 나에게 오얏을 주었네.
나는 그녀에게 옥돌을 주었네.
보답을 하려는 게 아니라
그녀랑 영원히 좋아하고 싶어서.

　　누군가를 처음 만나서 끌리는 마음을 표현한 『시경』의 대표적인
연애시, 위풍 편의 「모과 木瓜」입니다.

　　요즘 우리들은 좋아하는 사람에게 밸런타인데이 때 초콜릿을 주
죠. 만난 지 며칠이나 됐는지 헤아려서 기념 선물도 합니다. 그런데 옛
날 사람들은 좋아하는 사람에게 모과를 줬나 봐요.

投我以木瓜
투 아 이 모 과
그녀가 나에게 모과를 주었네.

報之以瓊琚
보 지 이 경 거
나는 그녀에게 옥돌을 주었네.

匪報也
비 보 야
보답을 하려는 게 아니라

永以爲好也
영 이 위 호 야
그녀랑 친해지고 싶어서.

보통 과일들은 보기에 탐스럽고, 먹으면 부드럽고 달콤합니다. 모과는 울퉁불퉁 못생겼고, 딱딱해서 씹기도 힘들고, 먹으면 떫지요. 하지만 모과는 향이 오래갑니다. 깊은 맛이 있어 설탕에 절여서 차를 끓이거나 말려서 약으로 쓰기도 합니다. 깊은 정이 있는 사람이라고나 할까요.

모과는 외모보다 마음이 아름다운 사람과 닮았습니다. 옛날 사람들은 이런 모과를 참 좋아했나 봐요. 그래서 좋아하는 사람에게 모과를 선물했겠지요?

投我以木桃
투 아 이 목 도
그녀가 나에게 복숭아를 주었네.

報之以瓊瑤
보 지 이 경 요
나는 그녀에게 옥돌을 주었네.

匪報也
비 보 야
보답을 하려는 게 아니라

永以爲好也
영 이 위 호 야
그녀랑 잘 지내고 싶어서.

재미있는 건 '보답을 하려는 게 아니라'는 구절입니다.

어떤 친구는 이렇게 말했어요. "남자 등쳐 먹는 여자네요!" 그거 얼마 한다고, 겨우 모과 하나 주고 보석인 옥돌을 받았으니 되로 주고 말로 받은 게 아니냐고요.

하하, 그렇게 생각할 수도 있겠네요. 하지만 이 시는 그녀가 나에게 준 모과의 가치와 내가 그녀에게 준 옥돌의 가치는 값으로 계산할 수 없다고 말합니다. 연인들이 주고받는 선물은 물건값으로 비교할 수 없고, 똑같이 소중하다는 뜻이지요.

여기서 우리는 선물의 의미에 대해 다시 생각해 보게 됩니다.

선물은 보상을 바라지 않는 순수한 마음입니다. "내가 오천 원 냈으니까 감자 한 바구니 주시오." 하는 것은 물건을 사고파는 매매이고, "우리 아들 좀 잘 봐주세요." 하고 학부모가 교사에게 주는 촌지는 요구 사항이 분명한 뇌물입니다.

"내가 이거 주니까 이에 합당한 대가를 주시오." 이렇게 요구하는 것은 보상이지 선물이 될 수 없습니다.

물론, 내가 그녀를 좋아하는 것처럼 그녀도 나를 좋아해 주었으면 좋겠다는 마음이야 있겠지만, 그녀를 좋아하는 나의 마음은 그녀의 반응과 상관없이 순수한 삶의 기쁨입니다. 그 기쁨을 그녀는 모과에, 나는 옥돌에 담은 것이죠.

모과에도 그녀가 나를 좋아하는 온 마음이 들어 있고, 옥돌에도 그녀를 좋아하는 나의 온 마음이 들어 있습니다. 모양은 달라도 소중한 가치는 똑같습니다. 그래서 이 시는 '보답을 하려는 게 아니라'고 했어요. 그녀가 나에게 모과를 준 것에 대해서 내가 그녀에게 옥돌을 준 것. 이것은 서로 마음을 나눈 것이지 값을 따지는 보상이 아니다!

값으로 따지게 되면 연애도 흥정이 됩니다. 정치적 음모가 됩니다. 하지만 우리의 사랑은 흥정도 음모도 아닌 순수한 삶의 선물이라고 이 시는 말하고 있어요.

投我以木李
투 아 이 목 리
그녀가 나에게 오얏을 주었네.

報之以瓊玖
보 지 이 경 구
나는 그녀에게 옥돌을 주었네.

匪報也
비 보 야
보답을 하려는 게 아니라

永以爲好也
영 이 위 호 야
그녀랑 영원히 좋아하고 싶어서.

또 재미있는 것은 무엇을 준다는 뜻으로 '던질 투投' 자를 쓴 점입니다. 그렇습니다! 사랑은 던지는 것입니다!

사랑할 때 우리는 살아 있다는 느낌을 받습니다. 나의 경계를 넘어 너, 그리고 온 세상과 하나가 되는 강렬한 생의 체험을 우리는 사랑이라고 느끼지요.

그런데 우리는 종종 '사랑에 빠지다'라는 말을 씁니다. 나는 사랑에 빠졌어요. 아무것도 할 수 없고, 당신 생각만 해요. 사랑에 빠지면 이렇게 멍청해지기도 합니다. 하지만 이 시는 사랑이 '빠지는' 것이 아니라 '던지는' 것이라고 말하고 있습니다.

사랑은 두 사람이 서로에게 빠져 다른 아무것도 보지 못하는 블랙홀이 아닙니다. 사랑은 서로 다른 두 사람 사이에 가로놓인 수많은 벽을 허물고 소통하려는, 역동적인 생명의 순환 운동이지요.

그러니 너와 나 사이를 잇는 다리를 놓기 위해 모과든 옥돌이든 뭐라도 던져야 하지 않겠는가! 「모과」에서 우리는 사랑을 통해 세상과 하나가 되는 연인들의 아름다움을 봅니다.

붉은 대통 빛나니

정녀靜女

참한 아가씨 예쁘기도 하여라.
나를 성 모퉁이에서 기다린다 하네.
사랑하면서도 만나지 못해
머리 긁적이며 서성이네.

참한 아가씨 아름답기도 하여라.
나에게 붉은 대통을 선물했다네.
붉은 대통 빛나니
그녀의 아름다움을 좋아하노라.

들판에서 띠 싹을 선물하니
진실로 아름답고 특이해라.
띠 싹이 예쁘기보다
그녀가 선물한 것이라서.

　사랑하는 마음이란 무엇일까요? 좋은 것을 함께 나누고 싶은 마음이 아닐까요?

　맛있는 게 있으면 같이 먹고 싶고, 가을날 단풍이 아름다운 길을 보면 함께 걷고 싶은 마음. 무엇이든 선물을 하고 싶고, 서로에게 선물이 되고 싶은 마음. 패풍 편의 「정녀靜女」는 연인들의 이런 마음을 잘 표현하고 있는 시랍니다.

　'정靜'은 얌전하고 단아한 것이고 '주姝'는 얼굴이 아름다운 것입니다. 둘 다 예쁘다는 뜻이 있지만 '정靜'은 우리가 흔히 '참하다'라고 표현하는, 내면적인 덕까지 포함하는 아름다움을 말합니다.

　그러므로 「정녀」라는 이 시의 제목은 '예쁜 그녀'나 '참한 아가씨' 쯤으로 풀이할 수 있겠어요.

靜女其姝
정 녀 기 주
참한 아가씨 예쁘기도 하여라.

俟我於城隅
사 아 어 성 우
나를 성 모퉁이에서 기다린다 하네.

愛而不見
애 이 불 견
사랑하면서도 만나지 못해

搔首踟躕
소 수 지 주
머리 긁적이며 서성이네.

참하고 예쁜 그녀를 성 모퉁이에서 만나기로 했어요. 그런데 그녀가 오지 않습니다. 왜 안 오지? 혹시 약속을 잊어버렸나? 아니면, 오다가 무슨 사고라도 당한 건가? 나는 머리를 긁적이며 성 모퉁이를 서성입니다.

'소수지주搔首踟躕'라는 표현이 재미있습니다. 그녀가 올까? 안 올까? 오면 뭐라고 할까? 설렘과 불안이 반반 섞인 심정이 '머리를 긁적이며 서성이는 몸짓' 속에 생생하게 전해집니다.

여러분은 좋아하는 사람을 어떤 모습으로 기다리나요?

약속 시간이 얼마나 지났는지 시계를 쳐다보면서? 초조한 마음을 애써 감추고 책을 읽거나 음악을 들으면서? 혹시라도 무슨 연락이 올까 휴대 전화를 들여다보면서?

좋아하는 사람을 기다리는 동안 일이나 공부가 손에 안 잡혀 안절
부절 못하는 마음은 예나 지금이나 비슷한 것 같아요. 좋아하는 마음
이란 어쩌면 이렇게 애타는 기다림까지 포함하나 봅니다.

靜女其戀
정 녀 기 련
참한 아가씨 아름답기도 하여라.

貽我 彤管
이 아 동 관
나에게 붉은 대통을 선물했다네.

彤管有煒
동 관 유 위
붉은 대통 빛나니

說懌女美
열 역 여 미
그녀의 아름다움을 좋아하노라.

'붉을 동彤', '대통 관管'. 동관은 붉은 칠을 한 통을 말합니다.

붓통이나 필통 같은 것이라고도 하고 피리라고도 하지요. 동관이
어떤 물건인지 분명하지 않지만, 그 속에 나를 좋아하는 그녀의 마음
이 담겨 있는 것은 확실해요. 그것이 나를 기쁘게 합니다.

그녀에게 붉은 대통을 받았어요. 그런데 대통에서 번쩍번쩍 빛이
납니다. 이게 어찌된 일일까요? 대통이 태양이나 보석도 아닌데 어떻
게 빛이 나는 것일까요?

환하게 빛나는 건 내 마음이죠. 대통이 아닙니다. 그런데 환하게 빛나는 마음으로 대통을 보니 대통도 빛나는 것 같습니다. 내 마음이 그대로 대통에 비추어진 것이지요.

이런 것을 '물아일체物我一體'라고 해요. '외부의 대상物과 내我가 마음이 통해서 하나가 되는 것一體'이지요.

평소에는 대통과 내가 따로 있습니다. 대통은 대통이고 나는 나죠. 그런데 대통이 '동관'이 되는 순간, 즉 대통에 나를 좋아하는 그녀의 마음이 담기는 순간, 대통과 나는 그녀를 좋아하는 마음으로 하나가 됩니다. 대통이 그녀의 마음을 나에게 전해 줘서 그녀와 나도 하나가 되지요.

自牧歸荑
자 목 귀 제
들판에서 띠 싹을 선물하니

洵美且異
순 미 차 이
진실로 아름답고 특이해라.

匪女之爲美
비 여 지 위 미
띠 싹이 예쁘기보다

美人之貽
미 인 지 이
그녀가 선물한 것이라서.

'제荑'는 띠 풀의 어린 꽃이삭, 즉 '삘기'라고도 하는 띠 싹을 말합니다. '귀歸'는 일반적으로 '돌아가다'라는 뜻으로 쓰이지만 '주다'라는 뜻도 있습니다. 그래서 '귀제歸荑'라고 하면 '띠 싹을 주다', '띠 싹을 선물하다'는 뜻입니다.

그녀가 나에게 띠 싹을 주었어요. 나는 들판에 지천으로 피어 있는 풀을 보고 "진실로 아름답고 특이하구나!"라며 감탄해요. 왜 그럴까요? 그건 이 띠 싹이 그냥 띠 싹이 아니라 그녀가 나에게 좋아하는 마음을 담아 보낸 '동관'이기 때문이지요.

여기서 띠 싹은 따로 떨어진 나와 그녀를 연결해 준 사랑의 메신저입니다. 띠 싹을 매개로 그녀와 나는 하나가 되었지요. 그런데 좋아하는 마음은 전염이 되나 봐요. 나와 그녀뿐 아니라 띠 싹도 더불어 하나가 되었습니다. 사랑하는 그녀처럼 띠 싹 또한 예쁘니까요!

그녀와 나와 대통이, 그녀와 나와 띠 싹이 사랑의 기쁨으로 하나가 되는 놀라운 체험! 시는 이렇게 세상과 내가 하나가 되게 합니다.

『시경』은 어떤 책일까?

오래된 노래책

『시경』은 지금으로부터 약 3000년 전, 그러니까 중국의 주周나라 때부터 춘추 시대까지 황하강 유역에서 널리 불리던 노래를 공자가 모아서 엮은 책입니다. 쉽게 말해서 노래책이라고 할 수 있지요.

그런데 이 노래는 특정한 한 사람이 부른 게 아니라 오랜 세월 동안 여러 사람들이 함께 불렀던 노래입니다. 여자들이 불렀던 노래도 있고, 남자들이 불렀던 노래도 있고, 농부가 불렀던 노래도 있고, 전쟁터에 나간 병사가 불렀던 노래도 있지요.

원래 311편인데 이 중 6편은 제목만 전하고 내용은 전하지 않습니다. 이렇게 시가 300편 가량 되기 때문에 '시' 혹은 '시삼백'이라고 부르다가 후에 '시경'이라고 불렀어요.

백성의 노래, 사대부의 노래, 제사의 노래

『시경』의 시는 크게 풍風, 아雅, 송頌 이렇게 세 종류로 나눕니다.

'풍'은 여러 나라의 민요라는 뜻으로 흔히 '국풍'이라고 합니다.

요즘으로 치자면 대중가요, 그중에서도 포크 송이라고 할 수 있어요. 305편의 시 중에 국풍이 160편으로 절반이 넘습니다. 요즘도 사람들이 좋아하는 『시경』의 작품은 주로 국풍의 노래들이지요.

주남周南, 소남召南, 패邶, 용鄘, 위衛, 왕王, 정鄭, 제齊, 위魏, 당唐, 진秦, 진陣, 회檜, 조曹, 빈豳. 이렇게 열다섯 나라의 민요가 국풍에 실려 있습니다.

'아'는 왕실에서 불리던 궁중 음악입니다.

아를 짓고 불렀던 사람들은 사대부들이지요. 대아는 궁중에서, 소아는 제후국에서 불렀던 노래인데, 왕의 덕을 찬양하고 후손들에게 올바른 덕을 권장하는 교훈적인 내용이 많습니다.

아는 우리나라의 궁중 음악인 아악에 영향을 주었습니다. 본고장인 중국에서는 사라진 전통이 우리나라에 남아 있는 게 재미있죠.

'송'은 제사 지낼 때 불렀던 노래입니다.

"아아, 공 많으신 조상이여! 받은 복 크기도 하네/거듭 끝없이 내리시어 지금까지 이르렀네" (「열조烈祖」)

이렇게 신이나 조상을 찬양하는 내용이지요. 주송은 주나라, 노송은 노나라, 상송은 상나라 조상들의 은덕을 칭송하는 노래입니다.

되살아난 노래책

나라를 잘 다스리기 위해서는 백성들의 마음을 잘 읽어야 합니다. 노래는 백성들의 마음을 나타내 주지요. 그래서 주나라에서는 벼슬아치가 거리에서 목탁을 두드리며 백성들의 노래를 수집했다고 해요.

이렇게 수집된 노래를 추려서 천지의 마음을 읽고 세상을 살아가는 올바른 도를 배우고자 공자가 책으로 엮은 것이 바로 『시경』입니다.

그런데 진秦나라의 시황제가 학자들의 정치 비판을 막기 위해 모든 책들을 불태워 버린 '분서갱유'라는 사건으로 『시경』을 비롯한 많은 경전들이 모두 불에 타 없어져 버렸어요.

다행히 한漢나라 때 경전을 복원하는 사업이 이루어졌고, '분서갱유'를 피해 누군가 몰래 숨겨 두었던 『시경』이 발견되었어요. 이에 모장과 모형, 두 모씨가 주석을 단 것을 '모시'라고 부릅니다.

송宋나라 때 성리학자인 주희는 모시에 주석을 덧붙여 『시경집전』이라는 책을 만들었지요. 그러니까 우리가 지금 읽는 것은 모장과 모형, 주희가 해설을 한 『시경』이랍니다.

경전이 된 노래

『시경』은 사서삼경 중의 하나입니다. 『논어』, 『맹자』, 『대학』, 『중용』(사서), 『시경』, 『서경』, 『주역』(삼경)은 유학을 공부하는 선비들이 과거에 합격하기 위해 꼭 읽어야 했던 기본 교과서예요.

일반 백성들이 널리 부르던 노래가 선비들이 공부하는 교과서가 되자 재미있는 일이 벌어졌습니다. 자유분방한 사랑의 감정을 점잖게 교훈적으로 해석하게 된 것이지요.

예를 들어 모시에서는 「모과」를 "제나라 환공을 찬미한 시"라고 말합니다. 위나라 사람들이 오랑캐에게 쫓겨나 고생하고 있을 때 제나라 환공이 땅도 주고 수레와 말, 그릇과 의복을 주었으니 위나라 사람들이 그 덕에 보답하려고 이 시를 지었다는 것입니다.

하하! 지금 우리가 보기엔 너무 억지스러운 해석이라 웃음이 납니다. 하지만 이해는 돼요. 나라를 어떻게 다스려야 하는가를 가르치는 근엄한 책에 연애 감정을 노래한 시가 들어 있으니 얼마나 당황스러웠을까요? 생기발랄한 노래책을 근엄한 도덕 교과서로 해석하느라 점잖은 선비들은 식은 땀을 뻘뻘 흘렸습니다.

오늘날 『시경』은 읽는 사람에 따라 다양한 모습으로 와 닿습니다. 때로는 사람들의 자연스러운 감정을 노래하고, 때로는 세상살이의 고달픔을 호소하고, 때로는 자연과 역사에서 배우는 지혜를 전하지요.

그러나 어떤 경우에도 『시경』은 마음을 속이는 법이 없습니다. 이 오래된 노래책은 진솔한 마음의 힘으로 삼천 여년이 지난 오늘날에도 우리들에게 생생한 삶의 숨결을 전하고 있지요.

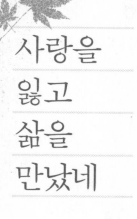

사랑을
잃고
삶을
만났네

도꼬마리
뜯고 뜯어도

권이卷耳

도꼬마리 뜯고 뜯어도 기운 광주리 차지 않네.
아, 님 그리워 광주리를 큰길가에 던져두네.

저 높은 산 오르려 하나 내 말이 병들었구나.
내 우선 금잔에 술을 따라 기나긴 그리움 잊으리.

저 높은 언덕 오르려 하나 내 말이 병들었구나.
내 우선 저 뿔잔에 술을 부어 기나긴 시름 잊으리.

저 돌산 오르려 하나 내 말이 병들었구나.
마부도 병들었으니 아아, 어찌할거나.

　'권이卷耳'는 '도꼬마리'라고 부르는 풀입니다. 옛날에는 이 풀을 뜯어서 나물을 해 먹고, 약으로 쓰기도 했어요. 도깨비방망이처럼 가시가 많아서 산길을 가다 보면 옷에 잘 달라붙는 풀입니다.

　주남 편의 「권이」는 사랑하는 사람과 헤어진 아픔을 노래한 시입니다. 그런데 이 시의 첫 구절을 보면 그런 정황을 알 수가 없습니다. 도꼬마리를 뜯고 뜯어도 광주리가 차지 않는다니……. 이게 무슨 말일까요?

采采卷耳　不盈頃筐
채 채 권 이　　불 영 경 광
도꼬마리 뜯고 뜯어도 기운 광주리 차지 않네.

嗟我懷人　寘彼周行
차 아 회 인　　치 피 주 행
아, 님 그리워 광주리를 큰길가에 던져두네.

'경광頃筐'은 뒤는 높고 앞은 낮게 만든 대광주리입니다. 뒤는 높고 앞은 낮으니까 앞으로 기울어져 보입니다.

그런데 참 이상하네. 도꼬마리를 계속 뜯었다는데 왜 광주리가 차지 않을까? 그리고 도꼬마리를 다 뜯었으면 집에 가지고 가서 나물을 해 먹던가 말려서 약으로 쓸 일이지 왜 광주리를 길가에 버려두고 가는 걸까?

이런 의문은 '아, 님 그리워'라는 구절에서 조금 풀립니다. 아! 광주리가 차지 않는 것은, 그리고 덜 찬 광주리조차 길가에 던져두고 가버리는 것은 그리움 때문이구나!

사랑하는 사람과 헤어져 있어서 이 시의 화자는 얼이 빠진 거야. 그러니까 뭘 해도 집중을 할 수가 없지. 나물을 캐면서도 마음은 딴 데가 있으니까 일이 야무지게 갈무리가 되지 않는 거야. 대광주리 그물 사이로 나물 뜯은 게 줄줄 새니까 광주리가 차지를 않지. 이렇게 우리는 시 전체의 맥락에 비추어 첫 구절을 이해할 수 있습니다.

사랑하는 사람을 애인이라고 하지 않고 '회인懷人'이라고 한 것이 재미있습니다.

'사람을 품다.' 사랑은 너를 내 맘속에 품는 것이고, 너를 내 몸의 일부로 받아들이는 것입니다. '회인'이라는 말에는 나와 너를 분리하지 않고 하나의 유기체로 보는 동양적 사유가 녹아 있어요.

사랑은 내가 너의 어떤 점을 좋아하는 것이 아닙니다. 너의 전부를 나의 것으로 받아들이는 것이지요. 가슴이 심장을 품고 있는 것처럼, 너와 나는 사랑이라는 사건 속에서 하나가 됩니다. 나와 네가 따로 있어서 내가 너를 사랑하는 것이 아니라, 나는 네가 되어 이 세계를 함께 바라보고 함께 느낍니다.

그러므로 실연은 내가 가진 어떤 것 중에서 무언가를 조금 잃어버리는 것이 아닙니다. 가슴에서 심장이 사라져 구멍이 뻥 뚫리게 되는 치명적인 사건이지요. 내 존재의 근거 자체가 무너지는 일종의 죽음 체험입니다.

그래서 실연을 당하면 자살까지 하는 사람이 생기는 거죠. 사랑하는 사람을 잃는다는 것은 내 생명의 근원을 상실하는 것이고, 네가 없는 나는 살아 있어도 살아 있는 것이 아니니까요.

그렇다면, 사랑하는 이와 헤어져 얼이 빠진 이 시의 화자는 어떻게 되었을까요?

陟彼崔嵬 我馬虺隤
척 피 최 외   아 마 회 퇴
저 높은 산 오르려 하나 내 말이 병들었구나.

我姑酌彼金罍 維以不永懷
아 고 작 피 금 뢰   유 이 불 영 회
내 우선 금잔에 술을 따라 기나긴 그리움 잊으리.

陟彼高岡　我馬玄黃
척 피 고 강　아 마 현 황
저 높은 언덕 오르려 하나 내 말이 병들었구나.

我姑酌彼兕觥　維以不永傷
아 고 작 피 시 굉　유 이 불 영 상
내 우선 저 뿔잔에 술을 부어 기나긴 시름 잊으리.

陟彼砠矣　我馬瘏矣
척 피 저 의　아 마 도 의
저 돌산 오르려 하나 내 말이 병들었구나.

我僕痡矣　云何吁矣
아 복 부 의　운 하 우 의
마부도 병들었으니 아아, 어찌할거나.

원래 하나였던 너와 나 사이에 높은 산이 가로놓여 있습니다. '높은 산', '높은 언덕', '돌산'은 너와 나 사이를 막고 있는 현실의 벽이 만만치 않음을 보여 줍니다. '병든 말', '병든 마부'는 너와 헤어진 내 마음의 상태를 나타내지요.

그리움이 깊으면 병이 됩니다. 현실의 벽이 너무 높을 때 우리는 절망하지요. 그렇다고 너를 만나고 싶다는 희망을 포기할 수도 없으니 그만큼 고통이 커지고 병이 깊어지는 것입니다.

그리움에 병든 나를 누가 치유해 줄 수 있을까요? 시는 이런 마음을 조용히 들어 줍니다. 누군가 조용히 들어 주는 것만으로도 우리는 고통을 스스로 이겨낼 수 있는 새로운 힘을 얻기도 하지요.

입에서 입으로 전해진 노래, 『시경』

「권이」의 앞부분과 뒷부분은 약간 괴리가 있습니다.

앞부분의 나물을 뜯는다는 상황에서는 평민의 생활이 묻어납니다.

그런데 뒷부분에 나오는 상황, 즉 금잔에 술을 따라 마신다거나

마부를 부린다거나 하는 것은 귀족의 생활이죠.

이것을 귀족 여성이 나물도 뜯었다고 해석할 수도 있지만,

나물 뜯는 아가씨와 귀족 아가씨의 노래가 합쳐졌다고 보는 것이

더 설득력이 있습니다.

국풍의 시들은 민요를 채집해 기록한 것입니다. 민요는 여러 사람들이

함께 부른 노래라서 앞뒤가 좀 안 맞고 엉뚱하다 싶은 구절이

들어가 있기도 합니다. 노래를 함께 부르다 보면 목소리가 섞이기도 하고

노래를 부르는 상황이 반영되기 때문입니다.

개인이 창작한 시가 아니라 입에서 입으로 전해진 민요였다는 사실을

생각하면 『시경』의 맛과 멋을 더 잘 느낄 수 있을 거예요.

그대가
사냥을
나가니

숙우전叔于田

그대가 사냥을 나가니
거리에 사람이 없는 듯.
어찌 사람이 없을까.
그대처럼
진실로 아름답고 멋진 사람은 없다네.

그대가 사냥을 나가니
거리에 술 마시는 사람이 없는 듯.
어찌 술 마시는 사람이 없을까.
그대처럼
진실로 아름답고 좋은 사람은 없다네.

그대가 들에 나가니
거리에 말 탄 사람이 없는 듯.
어찌 말 탄 사람이 없을까.
그대처럼
진실로 아름답고 굳센 사람은 없다네.

　　돌고래를 좋아할 때 세상은 온통 돌고래로 가득 찹니다. 돌고래 슈퍼마켓, 돌고래 목욕탕, 돌고래 철물점, 돌고래 주유소……. 아침에 일어날 때 천장은 물결 출렁이는 바다, 그 속에 돌고래가 헤엄칩니다.

　　반면, 내가 좋아하는 돌고래가 없을 때 세상은 온통 텅 빈 것 같습니다. 슈퍼마켓도 없고, 목욕탕도 없고, 철물점도 없고, 주유소도 없는 텅 빈 마을. 텅 빈 나의 마음에는 아침도 오지 않고, 바다도 보이지 않습니다.

　　사랑을 하는 사람은 과대망상 환자가 됩니다. 좋아하는 사람의 존재가 너무 크게 느껴지기 때문에, 그와 함께 있을 때에는 세상을 모두 얻은 것 같고 그가 옆에 없을 땐 세상을 모두 잃은 것 같지요.

　　정풍 편의 「숙우전叔于田」은 사랑을 하는 사람의 이런 마음을 잘 표현하고 있습니다.

叔于田
_{숙 우 전}
그대가 사냥을 나가니

巷無居人
_{항 무 거 인}
거리에 사람이 없는 듯.

豈無居人
_{기 무 거 인}
어찌 사람이 없을까.

不如叔也
_{불 여 숙 야}
그대처럼

洵美且仁
_{순 미 차 인}
진실로 아름답고 멋진 사람은 없다네.

'숙叔'은 연인을 가리킵니다. 연인 중에서도 남성을 말하지요.

'전田'은 흔히 '밭'이란 뜻으로 알고 있지만, '사냥 가다'라는 뜻으로 더 많이 쓰입니다. '전田'은 새 사냥이에요. 노루 사냥은 '렵獵'이라고 합니다.

고대에는 봄부터 가을까지는 농사를 짓고, 농한기인 늦가을부터는 남자들이 사냥을 나갔습니다. 사냥은 군사 훈련이기도 해요. 전쟁 때를 대비해서 활쏘기 연습을 할 수 있기 때문입니다. 이 시의 배경은 농번기가 끝난 후의 사냥철인 모양입니다.

이 시의 백미는 '항무거인巷無居人'이라는 표현입니다.

'그대가 사냥을 나가니 거리에 사람이 하나도 없는 것 같다.' 라니 좋아하는 마음을 이보다 더 잘 표현할 수 있을까요?

물론, 거리에는 많은 사람들이 지나다닙니다. 그러나 그들은 나에게 없는 존재들과 같습니다. 『어린 왕자』에서 말하듯이 그들과 나는 길들이지 않은 존재이기 때문입니다. 같이 있지만 무관한 존재인 것이지요.

관계를 맺기 위해서는 무언가를 함께하는 시간이 있어야 합니다. 얘기도 많이 하고, 밥도 같이 먹고, 지지고 볶고 싸우기도 해야 합니다. 누군가를 좋아한다는 것은 그렇게 함께 보낸 시간들 때문에 정이 들었다는 뜻이겠지요.

나와 관계를 맺은 사람은 이미 나의 일부이기 때문에 그 사람이 없으면 마치 내 몸의 일부가 떨어져 나간 듯 허전합니다. 그러니 그대가 없는 거리가 나에게는 아무도 없는 텅 빈 거리일 수밖에요.

叔于狩
숙 우 수
그대가 사냥을 나가니

巷無飮酒
항 무 음 주
거리에 술 마시는 사람이 없는 듯.

豈無飮酒
기 무 음 주
어찌 술 마시는 사람이 없을까.

不如叔也
불 여 숙 야
그대처럼

洵美且好
순 미 차 호
진실로 아름답고 좋은 사람은 없다네.

'순미차인'과 '순미차호'에서 '미'는 '미인美人'을 말합니다. 요즘 미인이라고 하면 예쁜 여자를 가리키지만 고대에는 멋진 남자도 미인이라고 했답니다.

소남 편에 나오는 「추우騶虞」라는 시를 보면 화살 하나에 돼지 다섯 마리를 쏘아 맞추는 사냥꾼에게 "오, 멋진 그대!"라며 감탄하는 구절이 나옵니다. 사냥이 중요했던 시대에 멋진 남자는 사냥을 잘하는 남자였겠지요?

「숙우전」의 그대도 멋진 사냥꾼인가 봅니다. 그런 그대가 없으니 거리에 술 마시는 사람이 하나도 없는 것 같습니다. 거리가 텅 빈 것 같습니다.

叔適野
숙 적 야
그대가 들에 나가니

巷無服馬
항 무 복 마
거리에 말 탄 사람이 없는 듯.

豈無服馬
기 무 복 마
어찌 말 탄 사람이 없을까.

不如叔也
불 여 숙 야
그대처럼

洵美且武
순 미 차 무
진실로 아름답고 굳센 사람은 없다네.

　'적適'은 '가다'라는 뜻입니다. '복마服馬'는 '말을 타다'라는 뜻이지요. 말을 탄 그대가 들에 나가니 거리에 말 탄 사람이 하나도 없는 것 같습니다.

　1절과 2절에서는 그대가 '사냥을 나갔다'가, 3절에서는 '말을 타고 들로 나간다'고 했습니다. 말을 타고 들로 나간다는 것은 무슨 뜻일까요?

　마지막 구절 '순미차무'에서 무인을 뜻하는 '무武' 자를 쓴 것으로 미루어 보아 전쟁을 하러 나갔다는 뜻으로 보입니다. 봄가을에는 농사 짓고, 겨울에는 사냥하고, 전쟁 때는 싸우러 나가는 고대인들의 생활이 시에 묻어나네요.

　「숙우전」과 함께 사랑하는 사람과 헤어져 애타게 기다리는 마음을 잘 표현한 시로 왕풍 편의 「채갈采葛」이 있습니다.

彼采葛兮

피 채 갈 혜
칡 캐러 가세.

一日不見

일 일 불 견
하루를 못 보면

如三月兮

여 삼 월 혜
석 달을 못 본 듯.

彼采蕭兮

피 채 소 혜
쑥 캐러 가세.

一日不見

일 일 불 견
하루를 못 보면

如三秋兮

여 삼 추 혜
삼 년을 못 본 듯.

彼采艾兮

피 채 애 혜
약쑥 캐러 가세.

一日不見

일 일 불 견
하루를 못 보면

如三歲兮

여 삼 세 혜
세 해나 못 본 듯.

너 없는 잠시 동안이 영원처럼 길게 느껴진다는 말. 사랑하는 사람과 헤어져 애타게 기다리는 마음이 '삼 년을 못 본 듯'이라는 말에 들어 있습니다. 몹시 애타게 기다리는 마음을 이르는 '여삼추如三秋'라는 말이 여기에서 나왔어요.

이런 경험은 여러분도 있을 거예요. 좋아하는 사람과 헤어져 있을 때, 다시 만나고 싶은 마음에 기다리는 일 분 일 초가 삼 년 같을 때.

그런데 그렇게 애타게 기다리다가 마침내 만나서 함께 있는 시간은 후딱 지나가 버립니다. 이게 어찌 된 일이죠? 시간이 고무줄인가? 늘어났다 줄어들었다 하게? 하하, 시간의 신비를 체험해 보려면 직접 사랑을 해 보는 수밖에 없겠네요.

두둥실 떠 있는
잣나무 배

백주柏舟

두둥실 떠 있는 잣나무 배 하염없이 떠내려가네.
불안에 잠 못 이루네, 깊은 시름 때문에.
내가 술이 없어 즐기고 놀지 않는 것이 아니지.

내 마음 거울이 아니니 다른 사람은 헤아릴 수 없네.
형제가 있다 하나 의지할 수 없네.
가서 하소연하다 노여움만 샀네.

내 마음 돌이 아니니 굴릴 수 없고,
내 마음 돗자리가 아니니 말 수도 없네.
모습은 의젓하지만 아무것도 아니지.

시름은 깊고 깊어 소인들에게 미움만 받노라.
근심이 많다 보니 수모도 적지 않네.
가만히 생각하니 잠에서 깨어 가슴을 치노라.

해여 달이여! 어찌 번갈아 이지러지는가.
마음의 근심이여, 빨지 않은 옷을 입은 듯.
가만히 생각하니 떨치고 날아가지 못함을 한할 뿐.

　『시경』에는 생기발랄한 연애시도 있지만 근심이 가득한 노래도
있습니다. 이런 노래에서 휘파람은 흥겨운 가락이 아니라 한숨 소리에
가깝지요. 어디에도 하소연할 길 없는 마음속 깊은 시름을 노래에 실
어 보내는 것입니다.

　근심 중에서 가장 큰 근심은 아마도 사랑하는 사람과 헤어지는 일
일 것입니다. 가난 때문에, 전쟁 때문에 사랑하는 사람과 헤어진 슬픔
을 노래한 시가 『시경』에는 많습니다.

　어쩔 수 없는 상황 때문에 헤어진 경우는 사실 그다지 비통하지 않
아요. 상황이 좋아지면 다시 만날 희망이 있으니까요. 이때의 이별은
두 사람의 사랑을 오히려 절실하게 만들어 줍니다.

　그런데 두 사람 사이의 믿음이 깨져서 다시 관계를 회복할 수 없을
때의 이별은 돌이킬 수가 없습니다.

『시경』에는 이렇게 마음이 변해서 사랑이 깨지는 것을 한탄하는 노래가 몇 편 있습니다.

새 아내를 얻어 조강지처를 버리는 남편을 원망하는 노래인 패풍 편의 「곡풍谷風」, 결혼 전에는 그렇게 좋다고 따라다니더니 정작 결혼 하니까 고생만 시키는 난폭한 남편을 원망하는 노래인 위풍 편의 「맹氓」과 함께 용풍 편의 「백주柏舟」는 『시경』의 대표적인 실연가라고 할 수 있습니다.

汎彼柏舟　亦汎其流
범 피 백 주　역 범 기 류
두둥실 떠 있는 잣나무 배 하염없이 떠내려가네.

耿耿不寐　如有隱憂
경 경 불 매　여 유 은 우
불안에 잠 못 이루네, 깊은 시름 때문에.

微我無酒　以敖以遊
미 아 무 주　이 오 이 유
내가 술이 없어 즐기고 놀지 않는 것이 아니지.

'백주'는 '잣나무 배'라는 뜻입니다. 재질이 단단한 잣나무는 '변함 없는 사랑'을 뜻하지요. '범피백주'의 '범汎'은 강물 위에 배가 두둥실 떠 있는 모양을 나타내는 의태어입니다. '역범기류'의 '범汎'은 '흘러가 다'는 뜻의 동사지요. 잣나무로 만든 배가 강물 위에 둥실 떠서 정처 없 이 떠내려간다. 이건 어떤 상황일까요?

배에는 돛이 있고, 닻이 있습니다. 돛은 가야 할 방향을 알려 주고, 닻은 돌아올 곳을 정해 줍니다. 돛도 없고 닻도 없이 떠내려가는 배는 갈 곳이 없는 처지를 뜻하지요.

'경경불매'의 '경耿'은 깜박깜박, 밤에도 불이 꺼지지 않는 집과 같이, 마음 속 근심과 불안 때문에 잠을 이루지 못하는 모습을 나타냅니다. 어휴, 마음이 얼마나 아프면 자다가 깜박깜박, 불 켜진 집처럼 잠 못 자고 뒤척일까요?

어떤 사람들은 술 마시고 놀면서 괴로움을 잊어버리려고 합니다. 그런데 이 여자의 괴로움은 그렇게 해서 잊을 수 있는 것이 아닙니다. 풀리지 않는 깊은 시름에 여자는 빠져 있습니다.

전부라고 믿어 왔던 세계로부터 추방당한 존재. 쫓겨나서 어디로도 갈 곳이 없는 존재. 누가 이 여자의 막막한 고통을 알아줄까요?

我心匪鑒　不可以茹
아 심 비 감　불 가 이 여
내 마음 거울이 아니니 다른 사람은 헤아릴 수 없네.

亦有兄弟　不可以據
역 유 형 제　불 가 이 거
형제가 있다 하나 의지할 수 없네.

薄言往愬　逢彼之怒
박 언 왕 소　봉 피 지 노
가서 하소연하다 노여움만 샀네.

여자의 마음이 만약 거울이라면 긴 설명 필요 없이 사람들에게 속속들이 보여 줄 텐데. 그럴 수 없으니 혼자 속을 끙끙 앓습니다.

가까운 형제들에게 가서 하소연해 보아도 마음을 헤아려 주기보다 화를 냅니다. "네가 도대체 어떻게 했기에 쫓겨난 것이냐!" 하면서 딱한 처지를 걱정해 주기보다 오히려 타박을 합니다. 흑! 쫓겨난 것만 해도 서러운데 그 때문에 주위 사람들에게 구박까지 당하다니.

我心匪石　不可轉也
아 심 비 석　불 가 전 야
내 마음 돌이 아니니 굴릴 수 없고,

我心匪席　不可卷也
역 유 비 석　불 가 권 야
내 마음 돗자리가 아니니 말 수도 없네.

威儀棣棣　不可選也
위 의 체 체　불 가 선 야
모습은 의젓하지만 아무것도 아니지.

내 마음이 만약 돌멩이라면 마음대로 굴릴 수 있을 텐데! 내 마음이 만약 돗자리라면 마음대로 말 수 있을 텐데! 하지만 그렇게 하지 못한다는 것은 내 마음을 내 맘대로 하지 못한다는 뜻입니다.

내 마음도 내 맘대로 하지 못하는데 나를 버린 그의 마음을 내가 어떻게 하겠습니까? 어쩔 수 없지요. 여기에는 나를 버린 그에 대한 원망과 체념이 동시에 들어 있습니다.

그러나 체념 뒤에는 또 약간의 원망이 남습니다. '모습은 의젓하지만 아무것도 아니지.' 라는 구절이 바로 그것이죠. 요즘 말로 하면 '허우대는 멀쩡해도 못 믿을 놈이야.' 라는 뜻입니다.

나를 버린 그를 원망하는 대신 어쩔 수 없는 자신의 처지를 수긍하고 받아들이려 노력하지만, 그래도 한마디 욕은 해야 성이 풀리겠다는 것이겠지요!

憂心悄悄　慍于羣小
우 심 초 초　온 우 군 소
시름은 깊고 깊어 소인들에게 미움만 받노라.

覯閔旣多　受侮不少
구 민 기 다　수 모 불 소
근심이 많다 보니 수모도 적지 않네.

靜言思之　寤辟有摽
정 언 사 지　오 벽 유 표
가만히 생각하니 잠에서 깨어 가슴을 치노라.

근심이 많다는 것만 해도 서러운데, 근심이 많다는 것 때문에 뭇사람들에게 미움까지 받다니! 그야말로 분통이 터질 노릇입니다.

옛날 사람들은 대인大人과 소인小人을 구분했습니다. 대인은 좋은 것 싫은 것 가리지 않고 모든 일을 있는 그대로 받아들입니다. 이에 비해 소인은 좋은 것만 취하고 싫은 것은 피합니다.

대인은 타인의 고통도 자기의 것으로 받아들입니다. 반면, 소인은 타인의 고통이 자기에게 짐이 될까 봐 피합니다. 누군가의 불행이 그 사람의 잘못에서 비롯되었다고 생각하며 자신은 그런 불행을 피할 수 있어서 다행이라고 생각합니다.

누구에게나 이렇게 이기적이고 어리석은 마음이 있지요. 그러니 여자의 마음을 헤아려 주지 않고 오히려 타박하는 주위 사람들을 무조건 탓할 수만도 없습니다. 하지만 여자의 처지가 정말 딱합니다.

누구에게도 이해받지 못하고, 어디에 하소연할 데도 없이 혼자 괴로워하던 여자는 마침내 자다 일어나 자기 가슴을 땅땅 칩니다.

어휴, 도대체 얼마나 답답하면 자다 일어나 자기 가슴을 치게 될까요? '오벽유표'의 '가슴칠 표摽' 자가 정말 가슴을 치네요!

日居月諸　胡迭而微
일 거 월 저　호 질 이 미
해여 달이여! 어찌 번갈아 이지러지는가.

心之憂矣　如匪澣衣
심 지 우 의　여 비 한 의
마음의 근심이여, 빨지 않은 옷을 입은 듯.

靜言思之　不能奮飛
정 언 사 지　불 능 분 비
가만히 생각하니 떨치고 날아가지 못함을 한할 뿐.

'번갈아 이지러지는 해와 달'은 일식과 월식을 뜻합니다.

해와 달처럼 환하고 밝게 빛나야 하는 자신의 처지가 어둠에 가려져서 점점 줄어들고 사라지게 된다는 뜻입니다. 이때 어둠이란 근심과 걱정을 뜻하는 말이겠죠. 환하게 빛나야 하는 마음이 근심과 걱정 때문에 어두워졌습니다.

이렇게 비탄에 빠져 혼자 괴로워 자기 가슴을 탕탕 두들기던 이 시의 화자는, 마지막 구절에 와서 마침내 이렇게 탄식합니다.

"마음의 근심이여, 빨지 않은 옷을 입은 듯하구나!"

근심이 많은 마음을 빨지 않은 옷을 입은 것에 비유한 것이 절묘합니다. 여러분, 빨래해서 햇볕에 잘 말린 옷을 입으면 뽀송뽀송하니 기분이 아주 좋죠? 그런데 만약 비가 와서 덜 마른 옷을 입어야 한다면 기분이 우중충할 거예요.

최악의 상황으로, 빨래를 할 수 없어서 오랫동안 빨지 않은 옷을 그냥 입고 다녀야 한다면 기분이 어떨까요? 찜찜한 정도를 지나 근심과 걱정을 무거운 짐처럼 질질 끌고 다니는 것처럼 마음이 무거울 거예요.

누가 여자의 얼룩진 마음을 깨끗하게 빨아 햇볕에 개운하게 말려 줄 수 있을까요?

어디에도 하소연할 길 없는 근심을 여자는 노래에 실어 보냅니다. 노래는 세월을 따라 흐르고 흘러가면서 여자의 근심을 씻어 줍니다. 여자의 근심이 혼자만의 근심이 아니라는 것을 말해 주며 여자의 한숨이 다른 누군가의 눈물과 만나 새로운 노래가 되어 흘러가도록 합니다.

우리 문화 속 『시경』

"범피중류 둥덩둥덩 떠나갈 제

망망한 창해이며 탕탕한 물결이라

백빈주 갈매기는 홍요안으로 날아들고

삼강의 기러기는 한수로 돌아든다."

판소리 〈심청가〉의 한 대목입니다. 심청이 아버지 눈을 뜨게 하려고

공양미 삼백 석에 팔려 배를 타고 가면서 주변의 풍광을 읊는 장면이죠.

진양조 느린 장단으로 이 세상과 이별하는 심청의 애달픈 심정을 노래했습니다.

「백주」의 '범피백주'가 심청가에서 '범피중류'로, 같으면서 약간 다르게

변주되었네요. 사랑을 잃은 여인의 마음과 정든 세상과 이별하는

심청의 마음이 세월이 많이 흘러도 서로 통하나 봅니다.

이뿐만 아니라 〈춘향전〉에서는 이도령이 「관저」를 읽으며

'요조숙녀' 춘향이를 생각하고, 〈최척전〉에서는 최척을 보고

마음을 뺏긴 처녀가 구혼가인 「표유매」를 써서 보내는 등

『시경』이 우리 문화에 미친 영향은 곳곳에서 찾아볼 수 있답니다.

씀바귀가
냉이처럼
달구나

곡풍谷風

살랑살랑 동풍에 흐렸다 비가 오기도,

힘써 마음을 함께해야지 성내서는 안 됩니다.

순무와 무를 캐는 것은 뿌리만 먹기 위함이 아니니,

언약을 어기지 않는다면 그대와 죽을 때까지 함께하려 했는데.

가는 길 발걸음이 더딘 것은 마음의 원망 때문,

그대는 나를 멀리도 아니고 가까이 문 안에서 전송하는군요.

누가 씀바귀를 쓰다 했는가, 냉이처럼 달기만 합니다.

그대는 새 아내와 형과 아우처럼 다정하군요.

경수가 위수 때문에 흐려 보이나 물가는 맑고 맑으리.

그대는 신혼을 즐기느라 나를 거들떠보지도 않네요.

내 어량에 가지 말며 내 통발 꺼내지 마시오.

내 몸도 주체할 수 없는데 뒷걱정이 무슨 소용인가.

깊은 물에 나아갈 때는 뗏목이나 배를 탔지.

얕은 물에 나아갈 때에는 자맥질하고 헤엄을 쳤지.

무엇이 있고 없나 살펴 부지런히 장만했지.

주위에 상사가 있을 적에는 힘을 다해 도와주었지.

나에게 잘해 주지 않고 오히려 나를 원수로 여기는구나.

내 좋은 점을 물리치니 나는 팔리지 않는 물건과 같구나.

옛날 살림할 때 곤궁해질까 두려워 그대와 함께 고생했는데,

살 만해지니 나를 해충으로 여기는군요.

맛있는 채소를 저장해 둠은 겨울을 대비하기 위해서라더니,

그대 신혼을 즐기니 나는 궁할 때나 필요했던 건가요.

난폭하게 성내며 나에게 고통만 주니,

옛날에 내게 와 쉬던 것을 잊었나요.

패풍 편의 「곡풍谷風」은 소박맞은 여자의 노래입니다.

여성의 사회 활동이 불가능한 시대에 여자가 남편에게 쫓겨난다는 것은 죽음을 뜻합니다. 여자 혼자 나가서 일을 할 수 없으니 뭘 먹고 산단 말인가. 친정밖에는 갈 데가 없는데, 가 봐야 눈칫밥에 천덕꾸러기 신세가 될 게 뻔한 일. 이웃들의 멸시는 또 어쩌고.

이런 절박한 삶의 위기에 처한 여자의 심정을 이 시는 '씀바귀가 냉이처럼 달기만 하다'고 표현했습니다.

씀바귀는 맛이 아주 쓴 나물이라 이름도 씀바귀입니다. 냉이는 단맛이 납니다. 그런데 씀바귀가 냉이처럼 달다니 이게 무슨 말일까요? 도대체 씀바귀가 냉이처럼 달게 느껴질 정도로 쓰디쓴 심정이란 어떤 것일까요?

習習谷風　以陰以雨
습 습 곡 풍　이 음 이 우
살랑살랑 동풍에 흐렸다 비가 오기도,

黽勉同心　不宜有怒
민 면 동 심　불 의 유 노
힘써 마음을 함께해야지 성내서는 안 됩니다.

采葑采菲　無以下體
채 봉 채 비　무 이 하 체
순무와 무를 캐는 것은 뿌리만 먹기 위함이 아니니,

德音莫違　及爾同死
덕 음 막 위　급 이 동 사
언약을 어기지 않는다면 그대와 죽을 때까지 함께하려 했는데.

'곡풍'은 '동쪽에서 부는 바람'이라는 뜻입니다. '골짜기 곡谷'은 '곡식 곡穀'과 통하는 말이라, '곡풍'이라 하면 곡식을 잘 자라게 하는 고마운 바람을 말합니다.

그러나 이 시에서는 부부 사이가 파탄이 났음을 표현하기 위해 반어적으로 쓰였네요. 살랑살랑 동풍이 불면 날씨가 쾌청해야 할 텐데 흐려지며 비가 온다는 것은 뜻밖의 불행, 즉 버림받은 여자의 불행한 처지를 암시합니다.

'봉葑'은 순무, '비菲'는 무입니다. 둘 다 뿌리채소지만 무는 하얗고 길쭉하게 생긴 데 비해 순무는 껍질이 빨갛고 모양이 양파처럼 둥글어요. 순무는 무보다 단단하고 수분이 적으며 달고 매운맛이 강합니다.

순무와 무를 캐는 것은 뿌리만 먹기 위함이 아니라는 것은 무를 먹을 때는 뿌리만 먹는 게 아니라 잎도 함께 먹는다는 뜻입니다. 부부가 됐으면 좋을 때도 같이 살고 싫을 때도 같이 살아야지 젊고 예쁜 때만 좋아하고 나이 들어 싫증 난다고 버리는 건 옳지 않다는 말이지요.

부부 사이를 흔히 '금슬琴瑟'에 비유합니다. '거문고와 비파' 소리가 화합하는 것처럼 부부 사이가 좋을 때 '금슬이 좋은 부부'라고 말합니다.

그런데 이 시에서는 부부 사이를 무로 비유하고 있어요. 일상생활에서 나온 표현이라 정겹습니다. 나는 무, 당신은 무를 먹는 사람. 뿌리만 먹지 말고 무청까지 다 드세요. 부부 사이를 먹고 먹히는 관계로 비유한 것도 재미있어요.

行道遲遲　中心有違
행 도 지 지　중 심 유 위
가는 길 발걸음이 더딘 것은 마음의 원망 때문,

不遠伊邇　薄送我畿
불 원 이 이　박 송 아 기
그대는 나를 멀리도 아니고 가까이 문 안에서 전송하는군요.

誰謂荼苦　其甘如薺
수 위 도 고　기 감 여 제
누가 씀바귀를 쓰다 했는가, 냉이처럼 달기만 합니다.

宴爾新昏　如兄如弟
연 이 신 혼　여 형 여 제
그대는 새 아내와 형과 아우처럼 다정하군요.

검은 머리 파뿌리 되도록 변함없이 함께 살자고, 백년해로하자고 약속했었지. 그런데 이제 새 아내를 얻어 나를 버리다니!

쫓겨나는 조강지처는 억울하고 막막해서 발이 안 떨어집니다. 남편이 나한테 어떻게 이럴 수가 있는가? 이제 나는 도대체 어디로 가야 한단 말인가? 배신감에 분통이 터지고 앞으로 살길이 막막합니다.

그런데 남편이란 작자는 새 아내한테 빠져서 그동안 함께 산 여자에 대한 최소한의 의리도 보이지 않네요.

"고생이 많았소. 이걸로 어떻게 먹고살 방도를 찾아보시오." 하면서 위자료를 주기는커녕 그냥 내쫓습니다.

멀리 바래다주지도 않고 문 안에서 손 흔들며 잘 가라고 합니다. 옆에는 새 아내가 약 올리듯 웃고 있네요. 남편과 새 아내는 오누이처럼 다정해 보입니다. 쫓겨나는 여자는 정말 속이 끓겠죠? 들끓는 마음을 여자는 이렇게 표현합니다.

"누가 씀바귀를 쓰다 하는가? 냉이처럼 달구먼!"

지금 자신의 쓰라린 심정에 비하면 씀바귀는 쓴 것도 아니라는 것이지요. 도대체 심정이 얼마나 쓰리기에! 여자의 처지가 참으로 가련하네요.

涇以渭濁　湜湜其沚
경 이 위 탁　식 식 기 지
경수가 위수 때문에 흐려 보이나 물가는 맑고 맑으리.

宴爾新昏　不我屑以
연 이 신 혼　불 아 설 이
그대는 신혼을 즐기느라 나를 거들떠보지도 않네요.

毋逝我梁　毋發我笱
무 서 아 량　무 발 아 구
내 어량에 가지 말며 내 통발 꺼내지 마시오.

我躬不閱　遑恤我後
아 궁 불 열　황 휼 아 후
내 몸도 주체할 수 없는데 뒷걱정이 무슨 소용인가.

'경수涇水'와 '위수渭水'는 황하강의 지류입니다.

경수는 물이 탁하고 위수는 물이 맑습니다. 경수의 탁한 물은 조강지처를, 위수의 맑은 물은 새 아내를 가리키지요. 생활에 찌든 조강지처보다 젊고 예쁜 새 아내가 더 좋아 보입니다.

그러나 위수 때문에 경수가 탁해 보이는 것이지 경수도 물가에는 맑은 곳이 있습니다. 새 아내와 비교하니 조강지처가 후져 보이지만 조강지처도 처음 시집올 땐 젊고 예뻤습니다.

그리고 꼭 젊고 예쁜 얼굴만 매력이 있나요? 세상살이의 힘든 과정을 자기 힘으로 겪어 온 사람의 건강한 생명력은 젊고 예쁜 얼굴보다 아름답습니다.

그런데 무정한 남편은 정든 조강지처는 거들떠보지도 않고 새 아내한테만 푹 빠져 있네요. 이러니 못 믿을 게 사람 마음이라고 하나 봅니다. 이제 여자는 남편 마음을 돌려 보겠다는 생각을 포기합니다. 우리 사이 변치 말자는 약속을 떠올려 본들 뭐하겠어요. 이미 남편의 마음은 떠나 버린 것을.

차마 떨어지지 않는 발걸음을 옮겨 집을 나가면서 여자가 하는 말이 재미있습니다.

"내가 만들어 놓은 어량, 내가 쳐 놓은 통발 건드리지 마!"

'어량'은 물고기가 빠져나가지 못하도록 물가에 돌멩이를 쌓아 놓은 것입니다. '통발'은 댓살이나 갈대 등을 엮어서 통같이 만들어 놓은 거예요. 이걸 물에 담가 놓아서 물고기가 그 안으로 들어가 잡히게 하는 것입니다.

어량이나 통발 둘 다 먹고살기 위한 도구입니다. 쫓겨나는 처지에 살림 걱정을 하는 여자가 우스꽝스럽지 않나요? 요즘으로 치자면 이혼 당하는 여자가 "내가 혼수로 가져온 전자레인지, 프라이팬 절대 건드리지 마!"라고 소리치는 것과 같아요.

쫓겨나는 여자가 비통한 심정에 잠겨 있는 것이 아니라 살림 걱정을 하는 모습에서 웃음이 납니다. 그리고 어떤 상황에도 압도당하지 않는 생활의 힘을 느낄 수 있습니다.

就其深矣　方之舟之
취 기 심 의　방 지 주 지
깊은 물에 나아갈 때는 뗏목이나 배를 탔지.

就其淺矣　泳之游之
취 기 천 의　영 지 유 지
얕은 물에 나아갈 때에는 자맥질하고 헤엄을 쳤지.

何有何亡　黽勉求之
하 유 하 무　민 면 구 지
무엇이 있고 없나 살펴 부지런히 장만했지.

凡民有喪　匍匐救之
범 민 유 상　포 복 구 지
주위에 상사가 있을 적에는 힘을 다해 도와주었지.

집을 떠나면서 여자는 지나간 시절을 돌아봅니다. 아, 그동안 내가 이 집에서 어떻게 살았던가.

인생살이를 흔히 강물 건너는 일에 비유하지요. 강물은 깊은 물도 있고 얕은 물도 있겠죠. 깊은 물은 살아가면서 겪는 큰 어려움, 얕은 물은 작은 어려움이라고 할 수 있겠습니다.

깊은 물에 나아갈 때는 뗏목이나 배를 탔지. 얕은 물에 나아갈 때는 자맥질하고 헤엄을 쳤지. 이 말은 살아가면서 겪게 되는 크고 작은 어려움들을 그때그때 상황에 맞게 헤쳐 나갔다는 뜻입니다.

그렇게 어려움을 헤쳐 나가면서 집안에 뭐가 필요한지 살펴 살림을 장만하고, 이웃과 집안 대소사도 부지런히 챙겼는데. 이런 나의 공도 모르고 이제 당신이 나를 버리다니!

不我能慉　反以我爲讐
불아능혹　반이아위수
나에게 잘해 주지 않고 오히려 나를 원수로 여기는구나.

旣阻我德　賈用不售
기조아덕　고용불수
내 좋은 점을 물리치니 나는 팔리지 않는 물건과 같구나.

昔育恐育鞠　及爾顚覆
석육공육국　급이전복
옛날 살림할 때 곤궁해질까 두려워 그대와 함께 고생했는데,

旣生旣育　比予于毒
기생기육　비여우독
살 만해지니 나를 해충으로 여기는군요.

옛날에 가난할 때는 한마음으로 기쁜 일, 힘든 일을 함께 겪었는데 이제 살 만하니 당신은 딴마음을 품고 이제 나를 원수로 여기는군요. 나는 이제 당신에게 쓸모없고 거추장스럽게 자리만 차지하는 '팔리지 않는 물건' 같은 신세가 되었군요!

사랑받지 못하는 자신의 신세를 '팔리지 않는 물건'이라고 표현한 게 재미있습니다.

남편은 여자를 원수로 여기다가, 팔리지 않는 물건 취급을 하다가, 이제 '해충'으로 여깁니다. 새 아내랑 재미나게 살려고 하는데 방해가 되니 조강지처가 자신의 행복을 파괴하는 해충처럼 느껴지는 거죠. 하하, 이 상황은 너무 적나라해서 오히려 웃음이 납니다.

我有旨蓄　亦以御冬
아 유 지 축　역 이 어 동
맛있는 채소를 저장해 둠은 겨울을 대비하기 위해서라더니,

宴爾新昏　以我御窮
연 이 신 혼　이 아 어 궁
그대 신혼을 즐기니 나는 궁할 때나 필요했던 건가요.

有洸有潰　既詒我肄
유 광 유 궤　기 이 아 이
난폭하게 성내며 나에게 고통만 주니,

不念昔者　伊余來墍
불 념 석 자　이 여 래 기
옛날에 내게 와 쉬던 것을 잊었나요.

　채소가 나지 않을 때 먹으려고 말려 놓은 배추나 무, 호박 같은 것을 저장 채소라고 합니다. 여름에는 저장 채소가 별로 소중한 줄 모릅니다. 채소나 과일이 지천에 널려 있으니까요.

　그러나 먹을 것이 귀한, 특히 야채가 귀한 겨울이 되면 저장 채소는 더없이 소중한 양식입니다. 여자는 자신을 겨울용 저장 채소에 비유합니다.

　나는 처마 밑에 저 말라비틀어진 시래기 같은 존재인가요? 지난겨울 먹을 것이 없을 때 당신은 저 시래기로 국도 끓여 먹고 나물도 무쳐 먹으며 가난과 추위를 이기지 않았나요? 그런데 이제 살 만하니 시래기 따위 거들떠보지도 않네요. 나는 궁할 때나 필요한 저 시래기 같은 존재인가요? 옛날에 날 사랑하던 것을 잊었나요?

'날 사랑하던 것'이라는 뜻으로 '내게 와서 쉬던 것'이라는 표현을 쓴 것이 재미있습니다. 옛날 사람들에게 사랑한다는 것은 요즘 우리들이 흔히 생각하듯 '짜릿한 감정'이 아니라 편안하게 와서 '쉬는 일'이라는 것!

예전에 여자는 남편에게 그런 존재였는데 이제 남편은 젊고 예쁜 다른 여자를 찾아갔어요. 새 아내도 같이 살다 보면 곧 늙어 갈 텐데 그때 남편은 또 다른 여자를 찾아갈까요?

시를 읽다 보니 남편이 무정하다기보다 불쌍하다는 생각이 드네요. 세월의 변화에 따라 아름다움도 변합니다. 봄, 여름, 가을, 겨울의 아름다움이 다르지요. 그런데 가을에도 봄의 아름다움만을 찾는 남편은 인생의 참멋을 모르는 것 같아요.

「곡풍」에서 소박맞은 여자는 자신의 처지와 심정을 감추거나 미화하지 않습니다. 오히려 적나라하게 드러내지요. 배신한 남편에 대한 원망과 분노가 생생하다 못해 처절합니다.

이 시가 감동적인 것은 어떤 감춤이나 왜곡 없이 마음을 진실하게 표현했기 때문입니다.

원망하는 마음의 바닥까지 완전히 드러냄으로써 그 감정의 찌꺼기를 남기지 않았다는 점. 그래서 원망이 원망에 머물지 않고 새로운 삶의 힘으로 전환된다는 점에서 이 시는 감동적입니다.

하늘이 무너진 것 같은 날도 해가 뜨고, 바람이 불고, 여전히 배가 고프고, 잠이 옵니다. 중요하다고 생각한 삶의 의미가 무너진 다음에도 삶은 계속됩니다. 아니, 오히려 중요하게 생각하지 않았던 소소한 일상들이 삶을 끌고 가지요.

이것이 생활의 힘입니다. 사랑보다 생활은 힘이 셉니다. 왜냐하면 사랑은 나의 추상적인 감정에 불과하지만 생활은 다른 많은 존재들과의 관계에서 구성되는 구체적인 삶이기 때문입니다.

여자는 사랑을 잃고 생활의 힘을 발견했습니다. 씀바귀가 냉이처럼 달다 하는 열정이라면 그 힘으로 씩씩하게 잘 살 것 같지요?

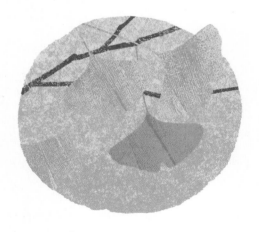

큰쥐야
큰쥐야

석서碩鼠

큰 쥐야, 큰 쥐야 내 기장을 먹지 마라.

삼 년간 너와 알고 지냈거늘 나를 돌보지 않는구나.

떠나리 장차 너를 버리고 저 즐거운 땅으로 가리라.

즐거운 땅, 즐거운 땅 거기서 내 편히 살리라.

큰 쥐야, 큰 쥐야 내 보리를 먹지 마라.

삼 년간 너와 알고 지냈거늘 나를 잘 대해 주지 않는구나.

떠나리 장차 너를 버리고 저 즐거운 나라로 가리라.

즐거운 나라, 즐거운 나라 거기서 나 제대로 살리라.

큰 쥐야, 큰 쥐야 내 곡식을 먹지 마라.

삼 년간 너와 알고 지냈거늘 나를 위로하지 않는구나.

떠나리 장차 너를 버리고 저 즐거운 들로 가리라.

즐거운 들, 즐거운 들 거기서는 누가 울부짖으리.

　　가렴주구가 심하던 시절, 백성들은 농사를 지어 봤자 세금을 내고 나면 남는 게 없었어요. 고대 국가에서 대부분 세금은 수확량의 10분의 1을 걷게 되어 있었지만 실제로는 절반 이상을 빼앗아 갔답니다.

　　거기다 걸핏하면 성을 쌓는다거나 제방을 만든다면서 젊은이들을 불러다 일을 시키고 전쟁터에 끌고 가니, 그야말로 그놈의 나라님들 먹여 살리느라 백성들 등골이 빠집니다.

　　이렇게 과중한 세금을 거두면서 백성들을 괴롭히는 탐관오리를 풍자하는 노래로, 위풍 편에 「석서碩鼠」라는 시가 있습니다.

　　'클 석碩', '쥐 서鼠'. '큰 쥐'라는 뜻입니다. 오늘날 쥐가 무능한 위정자의 모습으로 자주 그려지는데, 옛날에도 세금을 착취하는 탐욕스러운 관리, 자기 배 불리느라 나라 살림을 축내는 탐관오리를 '큰 쥐'라고 했나 봐요.

碩鼠碩鼠　無食我黍
석 서 석 서　무 식 아 서
큰 쥐야, 큰 쥐야 내 기장을 먹지 마라.

三歲貫女　莫我肯顧
삼 세 관 여　막 아 긍 고
삼 년 간 너와 알고 지냈거늘 나를 돌보지 않는구나.

逝將去女　適彼樂土
서 장 거 여　적 피 낙 토
떠나리 장차 너를 버리고 저 즐거운 땅으로 가리라.

樂土樂土　爰得我所
낙 토 낙 토　원 득 아 소
즐거운 땅, 즐거운 땅 거기서 내 편히 살리라.

　　창고의 곡식을 훔쳐 먹는 쥐를 탐관오리에 비유했습니다. 얼마나 많이 훔쳐 먹었는지 배가 뚱뚱하고 덩치가 집채만 한 '슈퍼 쥐'가 되었습니다. 창고의 곡식은 백성들이 피땀 흘려 농사지은 것입니다. 이것은 다시 백성들을 위해 쓰여야 합니다. 가난한 사람들에게 나누어 주고 가뭄이나 홍수에 대비해야 합니다.

　　물론 그 중의 일부는 관리들의 월급으로도 써야겠지만, 탐관오리들이 자기들의 욕심을 채우느라 흥청망청 써 버리면 나라 살림은 엉망이 되겠지요. 고생해서 일해 봐야 도둑놈 배만 불리는 이런 나라에서 백성들이 계속 살고 싶을까요?

　　'떠나리 장차 너를 버리고 저 즐거운 땅으로 가리라. 즐거운 땅 즐거운 땅 거기서 내 편히 살리라.' 이 시는 이렇게 노래하고 있네요. 이

부분을 읽으니 고려 가요 「청산별곡」이 떠오릅니다. '살어리 살어리랏다 청산에 살어리랏다. 머루랑 다래랑 먹고 청산에 살어리랏다.'

「청산별곡」에서 고달픈 현실에서 벗어난 이상향을 '청산'이라고 했다면 「석서」에서는 '즐거운 땅'이라고 했습니다. 청산은 고달픈 현실에서 벗어나 쉴 수 있는 자연을 뜻합니다. 그렇다면 '즐거운 땅'은 어떤 곳일까요?

碩鼠碩鼠　無食我麥
석 서 석 서　무 식 아 맥
큰 쥐야, 큰 쥐야 내 보리를 먹지 마라.

三歲貫女　莫我肯德
삼 세 관 여　막 아 긍 덕
삼 년 간 너와 알고 지냈거늘 나를 잘 대해 주지 않는구나.

逝將去女　適彼樂國
서 장 거 여　적 피 낙 국
떠나리 장차 너를 버리고 저 즐거운 나라로 가리라.

樂國樂國　爰得我直
낙 국 낙 국　원 득 아 직
즐거운 나라, 즐거운 나라 거기서 나 제대로 살리라.

땅이 넓은 나라? 천연자원이 많은 나라? 인적 자원이 풍부한 나라? 국민 총생산GNP이 높은 나라? 군대가 막강한 나라? 문화 예술이 발달한 나라? 복지 정책이 잘된 나라? 어떤 곳이 살기 좋은 나라인지 한마디로 말하기는 어렵겠지요.

옛날 사람들은 정치가 잘돼서 나라가 아주 살기 좋았던 때, 즉 태평성대를 '요순시대'라고 했습니다. 요순시대란 요임금과 순임금이 다스리던 때를 말해요. 요임금과 순임금은 정치를 어떻게 했기에 그때를 태평성대라 하는 걸까요?

그때는 선사 시대에 해당하는지라 남아 있는 자료가 별로 없어서 분명하게 말하기는 힘듭니다. 다만, 요임금 때 어떤 농부가 불렀다는 노래 「격양가」를 보면 왕이 있는 줄도 모르는 나라가 살기 좋은 나라라고 합니다.

"해가 뜨면 나가서 일하고, 해가 지면 들어와 쉰다. 우물 파서 물 마시고 밭 갈아서 밥 먹으니, 왕이 나와 무슨 상관인가."

내가 열심히 일한 덕으로 내가 배부르게 먹고 마실 수 있으면 그게 태평성대라는 뜻입니다.

그건 당연한 거 아닌가? 이치상으로는 당연한데 실제로는 그러지 못했던 것이 우리가 살아온 현실입니다.

큰 쥐가 항상 빼앗아가 버려요. 내가 열심히 농사지은 곡식을 빼앗아 가고, 일 끝나고 쉴 시간도 빼앗아 가고, 제 명대로 살다 죽을 권리도 빼앗아 갑니다. 권력의 이러한 착취가 없는 나라가 '즐거운 땅'일 거예요.

碩鼠碩鼠　無食我苗
석 서 석 서　무 식 아 요
큰 쥐야, 큰 쥐야 내 곡식을 먹지 마라.

三歲貫女　莫我肯勞
삼 세 관 여　막 아 긍 로
삼 년 간 너와 알고 지냈거늘 나를 위로하지 않는구나.

逝將去女　適彼樂郊
서 장 거 여　적 피 낙 교
떠나리 장차 너를 버리고 저 즐거운 들로 가리라.

樂郊樂郊　誰之永號
낙 교 낙 교　수 지 영 호
즐거운 들, 즐거운 들 거기서는 누가 울부짖으리.

　'직直' 자를 쓰면서 '제대로 살리라'라고 표현한 것이 재미있습니다. 어떻게 사는 것이 제대로 사는 것일까요?

　공자님은 『논어』 옹야 편에서 '인지생야직人之生也直', "사람이 살아가는 이치는 정직이다."라고 했습니다.

　정직하게 산다는 것은 자기의 본성에 충실한 삶을 사는 것입니다. 그런데 우리는 흔히 자기의 본성을 망각한 채 살아가죠. 남을 흉내 내면서 끊임없이 자기를 다른 사람과 비교하고 우월감에 빠지거나 열등감에 시달립니다. 그것은 나의 생명력을 빼앗기며 사는 것입니다.

　이 시는 '그렇게 살고 싶지 않다. 제대로 살고 싶다.'고 말합니다. 정직하게, 나의 본성에 충실한 삶을 살 수 있는 곳이 어쩌면 이 시가 말하는 즐거운 땅인지도 모르겠습니다.

북소리
둥둥

격고擊鼓

북소리 둥둥 울리면
무기 들고 뛰어 일어나네.
도읍의 흙일, 조 땅의 성 쌓기도 있건만
나만 홀로 남쪽으로 싸우러 가네.

손자중 장군을 따라
진과 송을 화평하게 했지만,
나는 돌아가지 못하니
근심스러운 마음 깊고 깊어라.

이곳에서 자고 저곳에 머무니,
말까지 잃어버리고
말을 찾아
숲을 헤매네.

죽든 살든 멀리 떨어져 있든
같이하자고 그대와 약속했었지.
그대의 손잡고
같이 늙어 가자 하였지.

아! 이렇게 이별하니
우리 함께 살지 못하는구나.
아! 멀리 떨어져
우리 약속을 지키지 못하는구나.

패풍 편에 있는 시들은 위衛나라의 노래입니다.

위나라는 주나라를 세운 무왕의 네 번째 아우 위강숙이 세운 제후국입니다. 위나라의 왕 환공에게 주우라는 이복동생이 있었는데, 교만하고 전쟁을 좋아했지요.

주우는 위나라에서 도망쳐 온 사람들을 모아 환공을 습격하여 왕위를 빼앗았어요. 그러고는 손자중 장군을 내세워 주변의 나라들과 전쟁을 일삼았습니다.

패풍 편의 「격고擊鼓」는 바로 주우의 전쟁에 끌려간 어느 병사의 노래입니다.

擊鼓其鏜
격 고 기 당
북소리 둥둥 울리면

踊躍用兵
용 약 용 병
무기 들고 뛰어 일어나네.

土國城漕
토 국 성 조
도읍의 흙일, 조 땅의 성 쌓기도 있건만

我獨南行
아 독 남 행
나만 홀로 남쪽으로 싸우러 가네.

전쟁에 끌려간 병사는 어떤 심정일까요? 나라를 위해 싸우다 죽으면 영광이다? 위대한 영웅 같으면 그렇게 생각할 수도 있겠죠. 하지만 대부분의 평범한 사람들은 이렇게 탄식할 거예요. 아이고, 내가 왜 여기 있나. 여기서 죽으면 어쩌나. 고향에 돌아가고 싶다.

요즘도 군대 가는 걸 좋아하는 사람은 없죠. 어떤 핑계를 대서라도 병역 면제를 받거나 덜 위험한 곳으로 가고 싶어 합니다.

이 시의 화자는 '나만 홀로 남쪽으로 싸우러 가네.'라고 노래했어요. '왜 나만!'이라고 말하는 것 같은 글자 '홀로 독獨'에서 병사의 솔직한 심정이 느껴집니다.

아버지가 높은 자리에 있는 누구는 군대 안 가도 된다는데! 돈 많은 집 누구 아들은 편안한 자리에 배치되었다는데! 왜 나만, 최전방 철책 근무를 서게 되었는가! 왜 나만, 위험천만한 실전에 투입되어 목숨 걸고 싸워야 하는가!

만약 군대에서 이런 생각을 솔직히 말한다면 불복종 죄로 처벌을 받을 것입니다. 하지만 시에서는 솔직하게 말해도 괜찮아요. 시는 법률이나 규범이 아니라 자유로운 마음의 표현이니까요.

從孫子仲
종 손 자 중
손자중 장군을 따라

平陳與宋
평 진 여 송
진과 송을 화평하게 했지만,

不我以歸
불 아 이 귀
나는 돌아가지 못하니

憂心有忡
우 심 유 충
근심스러운 마음 깊고 깊어라.

손자중 장군은 위나라의 장수입니다.

공자님이 쓴 역사책 『춘추』에 따르면 기원전 719년에 송宋 · 위衛 · 진陳 · 채蔡 이렇게 네 나라가 연합하여 정鄭나라를 침공했습니다. '손자중 장군을 따라 진과 송을 화평하게 했지만'이라는 구절은 바로 이 역사적 사실을 가리킵니다.

손자중 장군을 선두로 진나라, 송나라와 강화를 맺고 다시 위나라로 돌아갈 때 병사도 무사히 귀향을 해야 옳습니다. 그런데 '나는 돌아가지 못하니'라는 구절을 보니 그러지 못했나 봅니다. 병사는 집으로 돌아가지 못했습니다. 전쟁터에서 길을 잃어버린 것입니다.

영문도 모른 채 전쟁터에 끌려온 것만 해도 억울한데 대오에서 벗어나 길을 잃어버렸으니 병사의 처지가 딱합니다. 아, 여기가 어딜까? 어디로 가야 할까? '근심스러운 마음 깊고 깊어라.'라는 표현에서 막막한 병사의 심정을 짐작할 수 있습니다.

爰居爰處
원 거 원 처
이곳에서 자고 저곳에 머무니,

爰喪其馬
원 상 기 마
말까지 잃어버리고

于以求之
우 이 구 지
말을 찾아

于林之下
우 림 지 하
숲을 헤매네.

무리들과 함께 있을 때는 지금 내가 어디 있는지, 뭘 해야 할지가 분명합니다. 그때는 전쟁 중이라 해도 그렇게 막막하지는 않습니다. 그러나 대오에서 벗어나 혼자가 된 병사는 막막하기 그지없습니다.

고립무원의 처지가 되었으니 병사는 이제 어떻게 해야 할까요?

여기가 어디인지 알 수가 없습니다. 집으로 가는 길을 누구한테 물을 수도 없습니다. 막막한 가운데 날은 어두워지고, 배는 고프고, 바람은 찬데 어디 들어가 쉴 곳도 없습니다.

숲에서 무서운 짐승을 만날 수도 있습니다. 어디선가 갑자기 적병이 튀어나와 공격을 할 수도 있습니다. 유일하게 병사와 함께 있는 것은 타던 말 한 마리뿐입니다.

그런데 이럴 수가! 그 말마저 없어져 버렸어요! 첩첩산중이라는 말은 이런 때 쓰나 봅니다. 길을 잃었는데 말마저 잃다니, 길이 아예 끊어진 것과 같습니다.

병사는 기가 막힙니다. 전쟁에서 간신히 살아남았는데 여기서 꼼짝없이 발이 묶여 죽게 생겼구나! 한숨이 절로 나옵니다.

死生契闊
사 생 계 활
죽든 살든 멀리 떨어져 있든

與子成說
여 자 성 설
같이하자고 그대와 약속했었지.

執子之手
집 자 지 수
그대의 손잡고

與子偕老
여 자 해 로
같이 늙어 가자 하였지.

于嗟闊兮
우 차 활 혜
아! 이렇게 이별하니

不我活兮
불 이 활 혜
우리 함께 살지 못하는구나.

于嗟洵兮
우 차 현 혜
아! 멀리 떨어져

不我信兮
불 아 신 혜
우리 약속을 지키지 못하는구나.

'수구초심首丘初心'이라는 말이 있습니다.

여우가 죽을 때가 되면 자기가 살던 굴 쪽으로 머리를 둔다는 뜻입니다. 자기의 근본을 잊지 않는다는 표현이지요. 사람도 죽을 때가 되면 내가 나고 자란 고향을 그리워하고, 내 마음의 고향과 같은 사람, 즉 사랑하는 사람을 생각하게 됩니다.

이 시의 병사도 전쟁터에서 고립무원의 처지가 되었을 때 고향의 아내를 그리워합니다.

아, 당신하고 좋은 일도 힘든 일도 함께하며 백년해로하자 약속했는데 이렇게 멀리 떨어져 만날 수 없게 되었구나! 어떻게든 길을 찾아보려 했는데 이제 말마저 사라져 버렸으니 죽어도 같이 죽자는 그 약속을 지킬 수 없게 되었구나!

『시경』의 노래들이 불리던 때에는 하루가 멀다 하고 전쟁이 벌어졌습니다. 오죽하면 그때를 전국戰國 시대, 즉 전쟁 시대라고 했을까요? 그래서인지 『시경』에는 전쟁을 소재로 한 시가 많습니다.

빈풍 편의 「동산東山」은 '꿈틀거리는 뽕나무 벌레도 제 집인 뽕나무에 있는데, 나는 어째서 이국만리 타향에서 외로이 홀로 수레 밑에 잠드는가.' 하고 한탄하는 병사의 노래입니다.

왕풍 편의 「군자우역君子于役」은 전쟁터에 나간 남편이 돌아오기를 바라는 아내의 노래입니다. '날이 저물어 소나 양도 집으로 돌아오는데 당신은 집을 떠나 지금 어디에서 무얼 하는가.'라며 아내는 애타게 남편을 부릅니다.

요즘도 전쟁은 끊이지 않고 있습니다. 나라와 나라 사이의 전쟁, 한 나라 안에서의 내전, 정치적·종교적 분쟁으로 인한 테러 등으로 세상은 하루도 마음 편할 날이 없죠.

우리가 살기 위해 꼭 필요한 만큼만 갖고 그 이상을 욕심내지 않는다면, 내 생각만 옳다고 고집하지 않는다면 많은 사람들을 애꿎은 죽음으로 몰고 가는 전쟁은 피할 수 있을 텐데. 그게 참 쉽지 않은 모양입니다.

『시경』은 어떻게 표현할까?

자연과 사물을 통하기, '흥'

殷其雷
은 기 뢰
우르릉 쾅쾅 천둥소리

在南山之陽
재 남 산 지 양
남산 남쪽에서 울리거늘,

何斯違斯
하 사 위 사
어찌하여 그대는 이곳을 떠나

莫敢或遑
막 감 혹 황
돌아올 겨를이 없는가.

振振君子
진 진 군 자
멋있는 그대여,

歸哉歸哉
귀 재 귀 재
돌아오소서 돌아오소서.

소남 편에 있는 「은기뢰殷其雷」라는 시의 앞부분입니다. 천둥소리를 들으면서 전쟁터에 나간 남편을 걱정하는 노래지요.

우르릉 쾅쾅 천둥소리가 포탄이 빗발치는 전쟁터를 연상시킵니다. 집에서 남편을 기다리던 아내는 전쟁터에 나간 남편이 행여나 포탄을 맞지 않았나 걱정합니다.

"남편이 전쟁터에 나가 있는데 참 걱정이 된다." 이렇게만 말하면 실감이 안 나죠. 그런데 '우르릉 쾅쾅 천둥소리'라고 하면 길게 설명 안 해도 전쟁터에 나간 남편의 상황과 이를 걱정하는 아내의 마음이 금방 실감나게 와 닿습니다.

이렇게 자연 현상이나 사물을 통해 뜻하는 바를 연상시켜 효과적으로 표현하는 방식을 '흥興'이라고 합니다.

봄날에 화사한 꽃을 보면서 시집가는 아가씨의 아름다운 모습을 떠올린다든지(「도요桃夭」), 메뚜기들이 날갯짓하며 붕붕거리는 소리를 들으며 자손이 번성할 것을 기원한다든지(「종사螽斯」). 『시경』에는 이것이 저것을 연상시키는 '흥'의 표현이 많습니다.

이것을 빌어 저것을 말하기, '비'

'비比'는 비유적 표현 방법입니다. 하나의 사물을 다른 사물을 빌어서 더욱 실감나게, 더욱 생생하게 표현하는 방법입니다.

예를 들어 겨울날 차가운 바람을 맞으며 한참 걷다 보면 머리통이 얼얼해지죠. 이때 '공기가 차다'라고만 하면 실감이 잘 안 납니다.

　그런데 '공기가 얼음처럼 차다'라고 하면 차가운 공기가 아주 구체적이고 실감나게 와 닿습니다. '아, 정말! 그런 날 바깥에 있으면 얼음물에 머리를 감는 것처럼 머리통이 얼얼하겠구나!' 싶지요. '얼음'을 빌어서 '공기가 차다'는 것을 실감나게 표현한 것입니다.

　　彼黍離離　彼稷之穗
　　피 서 리 리　피 직 지 수
　　기장은 더부룩이 자라고 피 이삭도 돋았구나.

　　行邁靡靡　中心如醉
　　행 매 미 미　중 심 여 취
　　걸음걸이 맥없고 마음은 술 취한 듯

　왕풍 편에 있는 「서리黍離」라는 시의 일부입니다.

　나라가 망해서 고향에 돌아와 보니 사람은 없고 기장과 피 이삭만 무성하다고 망국의 설움을 표현한 노래지요. 그동안 헌신해 온 나라가 망해서 폐허가 된 것을 보며 맥이 풀리는 심정을 '걸음걸이 맥없고 마음은 술 취한 듯'이라고 표현했습니다.

　나라를 잃고 의지할 곳이 없는 허탈한 마음을 술에 취한 듯한 상태에 비유한 것입니다. 이처럼 이것을 빌어서 저것을 말하는 시의 표현 방법을 '비'라고 합니다.

있는 그대로 드러내기, '부'

주남 편의 「권이」라는 시는 '도꼬마리 뜯고 뜯어도 기운 광주리 차지 않네. 아, 님 그리워 광주리를 큰길가에 던져두네.' 라는 구절로 시작합니다.

여기서 도꼬마리를 계속 뜯어도 광주리가 차지 않는다는 것은 그냥 단순한 하나의 사실일 뿐입니다. 그런데 시 전체 맥락에서 보면 사랑하는 사람과 헤어져 얼이 빠진 사람의 마음 상태를 나타냅니다. 이같은 표현 방법을 '부賦'라고 합니다.

'부'는 이것이 저것을 불러내는 방식도 아니고, 이것을 통해 저것을 말하는 방식도 아닙니다. 이것 혹은 저것을 있는 그대로 말하는 방식, 즉 사실 그대로의 표현입니다. 다만 이 사실은 시의 표현이므로 산문의 설명과는 다르지요.

'아, 광주리가 덜 찼네. 길가에 광주리가 버려져 있네.' 이렇게 단순히 사실을 확인하는 데 그치는 것이 아니라, '이것은 사랑하는 사람과 헤어진 사람이 뭘 해도 집중을 할 수 없는 멍한 상태를 보여 주는구나.' 하고 시 전체의 맥락 속에서 정황을 짐작할 수 있습니다.

'부'는 사실 그대로의 표현이어서 구절 자체로는 특별히 다른 뜻을 갖지 않지만 시 전체의 느낌을 더욱 선명하게 하는 표현 방법이라고 할 수 있습니다.

봄바람처럼
다사롭게
대숲처럼
청청하게

따스한
바람이
남쪽에서
불어와

개풍凱風

따스한 남풍이 대추나무 새순에 불어와.
대추나무 새순 싱그러우니, 어머니 노고가 많으시네.

따스한 남풍이 대추나무 가지에 불어와.
어머니는 훌륭하신데, 우리 중에 그런 아들 없네.

맑은 샘물이 준 고을 아랫녘에 흐르네.
아들 칠 형제를 두셨으니, 어머니 노고가 많으셨네.

아름다운 황조가 고운 소리로 지저귀네.
아들 칠 형제가 있으나, 어머니 마음 위로해 드리지 못하네.

패풍 편에 나오는 「개풍凱風」은 '효자를 기리는 시'라고 합니다.

요즘 세상에 효자가 어디 있나? 부모 자식 간에 원수지지나 않으면 다행이지. 어른들은 탄식합니다. 하, 정말 그럴까요?

옛날 사람들에게 효의 의미는 무엇이었을지, 오늘날 우리가 새로 만들어야 할 진정한 효의 가치는 무엇일지, 시를 읽으면서 함께 생각해 봅시다.

凱風自南　吹彼棘心
개 풍 자 남　취 피 극 심
따스한 남풍이 대추나무 새순에 불어와.

棘心夭夭　母氏劬勞
극 심 요 요　모 씨 구 로
대추나무 새순 싱그러우니, 어머니 노고가 많으시네.

凱風自南　吹彼棘薪
개 풍 자 남　취 피 극 신
따스한 남풍이 대추나무 가지에 불어와.

母氏聖善　我無令人
모 씨 성 선　아 무 령 인
어머니는 훌륭하신데, 우리 중에 그런 아들 없네.

대추나무 가지에 살랑살랑 불어와 새순을 돋게 하는 개풍, 즉 따스한 남풍은 생명을 돌보는 은혜로운 자연의 모습입니다.

겨우내 얼어붙은 가지에 부드러운 봄바람이 와 닿을 때, 어떤가요? 몸이 근질근질하지 않나요? 굳어 있던 몸이 풀리면서 몸에서 꿈틀꿈틀 가지가 돋고 잎이 나고 꽃이 필 것 같지 않나요? 따스한 남풍은 생명의 시작을 알리는 우주의 교향곡 첫 악장과 같습니다.

나뭇가지 끝에 새순이 돋아나는 것을 '마음 심心'이라는 글자로 표현한 것이 재미있어요. 딱딱한 껍질을 뚫고 돋아나는 여리고 싱그러운 새순이 바로 천지의 마음이라는 것. 모든 생명은 바로 이 첫 마음의 표현입니다.

이 시는 어머니와 아들로 자연과 인간의 관계를 표현하고 있습니다. 어머니 대자연의 사랑은 이렇게 은혜로운데 우리 인간들은 어떤가요? 무례한 아들과 같습니다.

어머니는 아들에게 무조건 베풀기만 하는데 아들은 어머니에게 이거 해 달라, 저거 해 달라 요구만 합니다. 요구하는 것을 들어주지 않을 땐 어머니를 해치기도 합니다.

인간이 자연에 하는 짓이 바로 그렇죠. 개발한답시고 숲을 없애고 강을 막기도 합니다.

'어머니는 훌륭하신데, 우리 중에 그런 아들 없네.'라는 표현 속에 받기만 하고 베풀 줄 모르는 어리석은 인간의 모습에 대한 반성을 엿볼 수 있습니다.

爰有寒泉　在浚之下
원 유 한 천　재 준 지 하
맑은 샘물이 준 고을 아랫녘에 흐르네.

有子七人　母氏勞苦
유 자 칠 인　모 씨 노 고
아들 칠 형제를 두셨으니, 어머님 노고가 많으셨네.

睍睆黃鳥　載好其音
현 환 황 조　재 호 기 음
아름다운 황조가 고운 소리로 지저귀네.

有子七人　莫慰母心
유 자 칠 인　막 위 모 심
아들 칠 형제가 있으나, 어머니 마음 위로해 드리지 못하네.

앞에서 '따스한 남풍'으로 비유되던 어머니의 사랑은 이제 마을을 적시는 '맑은 샘물'로 표현되고 있습니다.

물이 없으면 모든 생명이 단 하루도 살 수가 없으니 대자연의 어머니라 할 만합니다. 물은 나무를 적셔 주고 마을 사람들을 먹이고 씻겨 줍니다. 물줄기는 마을 사람들에게 생명줄과 같아요. 그 은혜는 크기가 한량이 없죠.

어머니는 한량없는 사랑으로 여러 생명들을 기릅니다. 어머니가 기르는 여러 생명들을 이 시에서는 '칠 형제'라고 표현했습니다.

허, 좀 많네. 요즘은 다들 하나 아니면 둘만 낳는데. 하하, 여기서 '형제가 일곱'이라는 것은 '형제가 많다'는 뜻이지 반드시 일곱 명이라는 뜻이 아닙니다. 물론, 옛날에는 일손이 많이 필요했으므로 아들딸을 많이 낳기도 했지만요.

바람과 물로 표현되는 대자연 어머니는 지금 핵가족 시대의 어머니와는 달라요. '하나만 낳아 잘 기르자.'가 아니라 '온 누리 풍성하게 낳고 또 낳자.'가 대자연 어머니의 모토예요.

낳고 낳는 덕을 지닌 대자연 어머니의 사랑에 자식인 뭇 생명들은 기쁨으로 보답합니다. 지지배배 지지배배 아름다운 소리로 지저귀는 새들은 풍요로운 자연의 은혜에 기쁨으로 화답하는 것입니다.

아기들이 엄마가 안아 줄 때 방긋 웃으면서 우리는 잘 알아들을 수 없는 소리로 옹알거리는 모습이 떠오르지 않나요? 어머니의 은혜에 아들이 화답하는 모습입니다.

어머니가 모든 것을 다 주면서 아들에게 바라는 것은 이것밖에 없어요. 아들이 기뻐하는 것. 건강하게 자라고 행복해지는 것. 이때 어머니도 행복합니다.

그런데 불행하게도 우리는 욕심이 많아서 만족을 모릅니다. 어머니가 아무리 줘도 부족하다고 더 달라고 합니다. 새들은 공기 한 모금, 이슬 한 방울로도 고운 소리로 삶의 기쁨을 노래하는데, 우리는 많은 것을 가지고도 항상 불평을 터뜨리니 참 슬픈 일이지요.

아무래도 우리는 대자연의 사랑에 제대로 보답하지 못하는 불효자들인 것 같아요.

진정한 효란 무엇일까요?

효도는 부모 자식 간에 도리를 다하는 것입니다. 다른 모든 관계의 기본이라고 해서 옛날 사람들은 이 도리를 매우 중요하게 생각했어요.

부모에게 정성을 다할 수 있는 사람이라면 만백성에게도 그렇게 할 수 있다고 하여 순임금은 가난한 평민 출신이었지만 요임금에 이어 왕이 될 수 있었답니다.

옛날 사람들에게 효는 자연스러운 세상의 이치였습니다. 이 이치를 행동으로 표현하고 실천한 사람이었기에 순임금은 천하를 태평하게 다스릴 수 있었지요.

효도란 특별한 예법이 아니라 「개풍」에서 노래하는 것처럼 따스한 남풍에 대추나무 새순이 돋아나듯, 맑은 이슬 한 방울에 새들이 고운 소리로 화답하듯 자연스러운 생명의 이치입니다.

　　그렇다면 효는 구시대의 고리타분한 도덕이 아니라 우리 시대에 다시 만들어 나가야 할 새로운 생명의 윤리가 아닐까요?

『시경』은 표현의 보물 상자

『시경』에는 요즘 우리들에게 잊힌 나무와 풀, 꽃, 벌레와 새,

물고기 이름이 많이 나옵니다.

대추나무 극棘. 마음 심心. 「개풍」에 나오는 '극심'은

대추나무의 새순을 가리키는 말입니다. 그런데 이 극심이

'요요하다'고 표현하네요. '요夭'는 한창 자라기 시작할 때 생명의

싱그러운 모습을 나타냅니다. 그러므로 '요요'는 싱그러운

사물의 모양을 나타내는 의태어라고 할 수 있습니다.

빈풍 편의 「동산東山」에서도 하눌타리를 뜻하는 과라果蓏,

납거미를 가리키는 소소蠨蛸 등의 동식물 이름과 벌레가 꿈틀꿈틀하는

모양을 나타내는 연연蜎蜎, 반딧불이 반짝거리는 모습을 나타내는

습요熠耀 등의 의태어를 볼 수 있습니다.

「동산」을 소리 내어 읽으면 정말 벌레가 꿈틀꿈틀 기어가는 것 같고,

반딧불이 어둠 속을 반짝이며 날아가는 것 같아요.

이처럼 『시경』은 많은 사물들이 살아 숨 쉬는 표현의 보물 상자랍니다!

자르는 듯
다듬은 듯
쪼는 듯
가는 듯

기욱淇奧

저 기수 물굽이를 바라보니
푸른 대나무 우거졌네.
빛나는 군자여!
깎아 놓은 듯 다듬어 놓은 듯
쪼아 놓은 듯 갈아 놓은 듯,
치밀하고 굳세며
빛나고 의젓하시니.
멋진 군자여
아무래도 잊을 수 없어라.

저 기수 물굽이를 바라보니
푸른 대나무 우거졌네.
빛나는 군자여!
아름다운 옥돌 귀막이
관의 구슬 장식 별처럼 반짝여,
치밀하고 굳세며
빛나고 의젓하시니.
멋진 군자여
아무래도 잊을 수 없어라.

저 기수 물굽이를 바라보니
푸른 대나무 우거졌네.
빛나는 군자여!
금과 같고 주석과 같으며
규옥과 같고 벽옥과 같아,
너그럽고 여유 있으니
수레 옆에 기대셨네.
우스갯소리도 잘하시지만
지나치지는 않으시지.

　　위풍 편의 「기욱淇奧」은 유가의 이상적 인간형인 군자에 대한 이미지를 만든 시입니다.

瞻彼淇奧
<small>첨 피 기 욱</small>
저 기수 물굽이를 바라보니

綠竹猗猗
<small>녹 죽 의 의</small>
푸른 대나무 우거졌네.

有匪君子
<small>유 비 군 자</small>
빛나는 군자여!

如切如磋
<small>여 절 여 차</small>
깎아 놓은 듯 다듬어 놓은 듯

如琢如磨
여 탁 여 마
쪼아 놓은 듯 갈아 놓은 듯,

瑟兮僩兮
슬 혜 한 혜
치밀하고 굳세며

赫兮咺兮
혁 혜 훤 혜
빛나고 의젓하시니.

有匪君子
유 비 군 자
멋진 군자여!

終不可諼兮
종 불 가 훤 혜
아무래도 잊을 수 없어라.

이 시에서 '절차탁마'라는 말이 나왔어요. 끊을 절切, 다듬을 차磋, 쪼을 탁琢, 갈 마磨. 이것은 보석을 만드는 과정을 나타냅니다. 바위의 거친 부분을 잘라 내고, 보석의 모양을 만들고, 세심하게 부분을 완성하고, 표면의 결까지 곱게 다듬는 과정을 이르는 말이지요.

그런데 요즘 성형 수술로 외모를 바꾸는 것을 '절차탁마'라고 한다지요?

각진 턱을 깎아서 갸름하게 만들고(절), 뭉툭한 코를 오뚝하게 세우고(차), 쌍꺼풀을 만들고(탁), 얼굴의 주름을 펴서 피부를 매끈하게 만든다(마)! 하하, 이렇게 보니 성형 수술해서 얼짱이나 몸짱을 만드는 것도 '절차탁마' 맞네요.

하지만 「기욱」에서 '절차탁마'는 외모뿐 아니라 내면의 덕도 함께 닦는 자기 수양의 뜻으로 쓰였습니다.

아니, 외모와 내면의 덕을 분리시켜 생각하는 것이 요즘 우리들의 이상한 사고방식인지도 모르겠어요.

옛날 사람들에게 아름다운 외모는 내면의 덕에서 우러나는 것입니다. 군자는 아름다워요. 그런데 그게 겉만 꾸며서 되는 것이 아니라는 거죠. 어진 마음과 부지런한 생활이 하루하루 쌓여서 아름다운 몸이 되는 것입니다.

瞻彼淇奧
첨 피 기 욱
저 기수 물굽이를 바라보니

綠竹青青
녹 죽 청 청
푸른 대나무 우거졌네.

有匪君子
유 비 군 자
빛나는 군자여!

充耳琇瑩
충 이 수 영
아름다운 옥돌 귀막이

會弁如星
괴 변 여 성
관의 구슬 장식 별처럼 반짝여,

瑟兮僩兮
슬 혜 한 혜
치밀하고 굳세며

赫兮咺兮
혁 혜 훤 혜
빛나고 의젓하시니.

有匪君子
유 비 군 자
멋진 군자여!

終不可諼兮
종 불 가 훤 혜
아무래도 잊을 수 없어라.

눈은 떴다 감았다 조절할 수 있으니 볼 것 안 볼 것 가려 볼 수 있습니다. 입도 싫으면 닫고 있으면 되고요. 그러나 귀는 무방비로 열려 있습니다.

소리를 가려듣기란 참 힘들지요. 하지만 우리가 하는 말 중에는 가려들어야 할 말이 얼마나 많은가요? 그래서 군자는 말을 가려들어야 한다는 뜻에서 귀막이를 했습니다.

옥돌을 조그마한 발처럼 귀 윗부분에서 아래 귓불까지 늘어뜨려서 귀 전체를 덮는 것입니다. 얼굴을 움직일 때마다 옥돌 귀막이가 딸랑딸랑 흔들렸겠지요? 요즘 우리가 하는 귀걸이보다 화려합니다.

그리고 모자의 한 땀 한 땀 따라 박은 구슬이 별처럼 반짝반짝! 모자를 쓴 것만 해도 멋진데 구슬 장식까지! 군자는 정말 멋쟁이네요.

신라 시대의 화랑들은 여자보다 예뻤다고 해요. 『시경』의 군자도 '절차탁마'라고 했을 때 흔히 떠올리듯 정신적 가치를 위해 몸을 혹사하는 게 아니라, 고귀한 덕을 아름다운 신체로 표현합니다.

'군자의 모습이 빛난다'라고 해도 되는데 '모자가 빛난다'라고 합니다. '모자가 빛난다'라고 해도 되는데 '모자의 구슬 장식이 빛난다'라고 합니다.

이렇게 부분을 통해 전체를 표현하는 표현 방식이 『시경』에는 많습니다. 다 보려고 하면 오히려 전체를 놓치죠. 하나를 자세히 보면 그 속에 전체가 다 들어 있습니다.

길게 말하지 않고 한마디만 해도 그 속에 풍부한 뜻과 느낌이 들어 있는 것이 시의 묘미입니다.

瞻彼淇奧
첨 피 기 욱
저 기수 물굽이를 바라보니

綠竹如簀
녹 죽 여 책
푸른 대나무 우거졌네.

有匪君子
유 비 군 자
빛나는 군자여!

如金如錫
여 금 여 석
금과 같고 주석과 같으며

如圭如璧
여 규 여 벽
규옥과 같고 벽옥과 같아,

寬兮綽兮
관 혜 작 혜
너그럽고 여유 있으니

猗重較兮
의 중 교 혜
수레 옆에 기대셨네.

善戲謔兮
선 희 학 혜
우스갯소리도 잘하시지만

不爲虐兮
불 위 학 혜
지나치지는 않으시지.

　　대나무를 직접 본 적 있나요? 여름에 돗자리나 발로 쓰인 대나무
는 종종 보지만 우리 생활에서 대나무를 직접 보기는 힘들지요.
　　대나무는 좀 특이한 나무예요. 다른 나무들은 해가 지나면 줄기가
굵어지는데 대나무는 줄기 속이 텅 비어 있고 위로만 쭉쭉 자랍니다.
잎은 힘차고 항상 푸르지요.
　　줄기가 곧고 단단하며 잎이 늘 푸르다는 점이 선비의 절개를 나타
낸다 하여 대나무는 매화, 난초, 국화와 함께 사군자라고 불립니다.

그리고 대나무는 한 그루만 따로 있지 않고 무리를 지어 숲을 이룹니다. 덕은 외롭지 않다고 했던가요? 군자는 항상 벗과 함께 배우고, 배움을 통해 더 큰 삶을 이룹니다. 기수 물가의 대나무 숲은 군자의 이러한 곧고 씩씩하면서도 조화로운 기상을 잘 보여 줍니다.

이 시에서 군자의 덕성은 여섯 개의 단어로 표현되었습니다. 군자는 치밀하고瑟, 굳세며僩, 빛나고赫, 의젓하고咺, 너그럽고寬, 여유가 있습니다綽.

치밀하지 못한 사람이 집을 지으면 어떻게 될까요? 금세 벽이 갈라지고 물이 새고 칠이 벗겨지겠죠? 치밀한 사람은 일의 처음부터 끝까지를 다 헤아려서 행동하여 빈틈이 없습니다.

굳세다는 건 또 어떤 뜻일까요? 세상 일이 생각대로 안 됩니다. 이럴 것이다 생각하고 해도 막상 부딪쳐 보면 현실의 벽이 만만치 않죠. 이때 뜻이 굳센 사람은 자신의 뜻을 포기하지 않고 지혜롭게 어려움을 헤쳐 나갑니다. 약한 사람은 현실의 어려움 앞에서 쉽게 타협합니다.

군자는 한번 마음먹은 일은 끝까지 하는 굳센 사람입니다. 막무가내 고집과는 다르지요. 고집이 세다는 것은 상황을 고려하지 않고 자신의 뜻만 내세우는 것입니다. 뜻이 굳세다는 건 변화하는 상황 속에서 적절한 방법을 찾아가는 태도예요.

이런 군자의 모습은 빛나고 의젓합니다. 남 눈치 안 보고 자기 소신껏 자유롭고 즐겁게 사니 주위 사람들에게 관대하고 여유가 있습니다. 내가 행복하니 주변도 배려할 수 있지요.

자기는 불행하면서 남들한테 잘해 주는 사람은 착한 게 아니라 어리석은 것입니다. 우선 자기부터 행복해지려고 노력해야 남들도 행복하게 해 줄 수 있답니다.

충만한 내면의 덕은 외모로 나타나서 '유비군자'라고 했습니다.

'비匪'는 내면의 덕이 외모로까지 뿜어져 나와서 빛이 나는 것입니다. 내면의 덕이 밖으로까지 뿜어져 나와서 풍채가 의젓하고 반짝반짝 빛이 나는 사람.

여러 가지 덕성을 갖춘 데다 얼짱, 몸짱이기까지 한 군자는 귀하기가 금과 같고 주석과 같습니다. 청동기 시대에는 주석도 금과 마찬가지의 귀금속이었다고 해요.

이렇게 귀하고 아름다운 군자가 느긋하고 여유 있는 모습으로 수레에 기대 미소를 짓고 있습니다. 요즘으로 치자면 잘생긴 청년이 스포츠카에 살짝 기대고 서서 살인 미소를 날리고 있는 모습일까요? 소녀들이 모두 쓰러지겠네요.

고귀한 덕성, 아름다운 외모, 여기에 한 가지 더! 군자는 유머가 있어야 합니다.

이건 요즘도 마찬가지인 것 같아요. 남자 친구의 조건으로 유머 감각을 중요하게 꼽습니다.

　　유머가 없이 너무 진지하기만 해 보세요. 분위기가 썰렁해집니다. 같이 있기가 불편합니다. 긴장된 분위기를 풀어 주고 마음을 열게 하는 힘, 그것이 유머입니다. 이 유머가 정도를 넘어 사람을 불쾌하게 하지 않는다면 가히 군자라 할 만합니다.

　　이처럼 전통 사회에서 '군자'는 멋진 남자의 대명사로 쓰였습니다. 그런데 멋진 남자를 뜻하는 또 다른 말이 있어요.

　　슬기와 재주가 뛰어난 젊은이를 가리켜 '기린아麒麟兒'라고 합니다. 이 말이 『시경』 주남 편의 「린지지麟之趾」에서 나왔답니다. 많은 동물들 중에서 기린이 가장 빼어나다는 데서 유래한 말이죠.

麟之趾
린 지 지
기린의 발이여!

振振公子
진 진 공 자
귀한 집안의 아들들이여!

于嗟麟兮
우 차 린 혜
아, 이들이 바로 기린아로세.

麟之定
린 지 정
기린의 이마여!

振振公姓
진 진 공 성
귀한 집안의 자손들이여!

于嗟麟兮
우 차 린 혜
아, 이들이 바로 기린아로세.

麟之角
린 지 각
기린의 뿔이여!

振振公族
진 진 공 족
귀한 집안의 일가들이여!

于嗟麟兮
우 차 린 혜
아, 이들이 바로 기린아로세.

그런데 이 시에서 말하는 '기린'은 요즘 우리들이 동물원에서 보는 목이 긴 기린이 아닙니다. 봉황이나 용과 같은 상상의 동물이지요.

기린은 몸이 사슴 같고, 꼬리는 소와 같으며, 발굽과 갈기는 말과 같고, 빛깔은 오색이라고 전합니다. 기린이 나타나면 세상에 어진 임금이 나올 길조라고 옛날 사람들은 믿었답니다.

기린은 매우 어진 동물이어서 살아 있는 풀과 살아 있는 벌레를 밟

지 않는다고 합니다. 이마로 다른 동물들을 떠받지 않고, 뿔의 끝에 살이 있어서 부딪쳐도 다치지 않는다고 해요.

남을 해치지 않는 인자한 존재를 옛날 사람들은 뻬어나다고 했습니다. 요즘 우리들하고 조금 다르네요. 요즘은 남들과 경쟁해서 이기는 사람을 뻬어나다고 하는데 말이죠.

군자도 남들과 비교해서 뻬어난 사람이 아닙니다. 부단히 자기를 갈고닦아서 매일매일 새로워지는 사람입니다. 군자와 기린아를 통해서 우리는 옛 사람들의 지혜를 배웁니다.

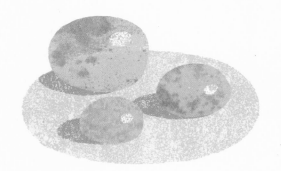

숨어 사는
즐거움

고반考槃

움막을 시냇가에 지으니
석인의 마음 넉넉하다.
홀로 자고 깨어 말하며
오래도록 이렇게 살겠노라.

움막을 언덕에 지으니
석인의 마음 여유롭다.
홀로 자고 깨어 노래하며
오래도록 이렇게 살겠노라.

움집을 높은 곳에 지으니
석인이 한가롭다.
홀로 자다 깨고 다시 누우며
이 즐거움 남에게는 말하지 않으리.

옛날 선비들은 때에 따라 다르게 살았습니다.

세상이 나를 알아줄 때 힘과 재능을 다해 세상을 위해 일합니다. 이른바 출세하여 입신양명하는 것입니다.

그러나 그렇지 못할 때, 즉 세상이 나를 알아주지 않을 때, 공부해도 운이 닿지 않아 벼슬자리를 못 얻거나 정치적 불화로 벼슬자리에서 물러나게 되면, 조용히 숨어 살면서 자연을 벗 삼아 책 속에서 새로운 길을 찾습니다.

이렇게 고향으로 돌아가 숨어 사는 선비의 삶을 뜻하는 '고반'이라는 말이 위풍 편의 「고반考槃」이라는 시에서 나왔습니다.

考槃在澗
고 반 재 간
움막을 시냇가에 지으니

碩人之寬
석 인 지 관
석인의 마음 넉넉하다.

獨寐寤言
독 매 오 언
홀로 자고 깨어 말하며

永矢弗諼
영 시 불 훤
오래도록 이렇게 살겠노라.

여기서 고考는 '이루다'라는 뜻입니다. 반槃은 '쟁반'이라는 뜻과
함께 '즐거운'이라는 뜻이 있습니다. 그러므로 '고반'이라고 하면 '즐거
움을 이루다'라는 뜻이 되지요.

은거하는 삶을 이르는 이 말이 후대에 와서는 '은거하는 사람의
집', '얼기설기 지은 초가집', '움막집'을 가리키는 말이 되었어요. 즉
'고반'은 '은거'를 뜻함과 동시에 '은거하는 사람의 움막집'을 가리키
기도 합니다.

'석인碩人'은 '큰 사람', '위대한 사람'이라는 뜻입니다. 그런데 사
람이 너무 크면 세상과 잘 어울리지 못하는 측면이 있지요. 세상이 요
구하는 역할에 딱 들어맞지 않아 불화합니다. 그래서 '석인'이라는 말
에는 '세상과 잘 어울리지 못하는 사람'이라는 뜻도 있습니다.

'독매오언獨寐寤言', 즉 '홀로 자고 깨어 말하며'는 다른 한시에도
인용이 많이 되는 구절로, 은거하는 삶의 관용적인 표현이랍니다.

考槃在阿
고 반 재 아
움막을 언덕에 지으니

碩人之薖
석 인 지 과
석인의 마음 여유롭다.

獨寐寤歌
독 매 오 가
홀로 자고 깨어 노래하며

永矢不過
영 시 불 과
오래도록 이렇게 살겠노라.

　　시냇가 언덕 위 오두막집. 남들이 보면 초라하다 하겠지만 복잡한 세상살이에 얽매이지 않고 자연을 벗 삼으며 유유자적하는 삶이 얼마나 자유로운가!

　　사실, 권력의 중심에 있을 때에는 부귀와 명성을 누릴 수는 있지만 정작 자신의 몸과 마음을 돌볼 여유를 갖기는 쉽지 않습니다. 일하기 바쁘죠.

　　그래서 부귀와 명성을 물거품과 같이 헛되다고 합니다. 그건 내 것이 아닙니다. 남들이 준 거니까 언젠가 남들이 빼앗아 갑니다. 그때 공허감이 찾아옵니다. 그동안 내가 뭘 하고 살았던가 하는.

　　그렇게 덧없는 부귀공명을 좇아 사는 것보다 숨어 사는 게 행복하다고 이 시는 말하고 있습니다.

자고 싶을 때 자고, 먹고 싶을 때 먹고, 시냇물 소리와 바람 소리에 귀 기울이고, 읽고 싶은 책을 읽고, 쓰고 싶은 글을 쓴다. 이 얼마나 즐거운가!

考槃在陸
고 반 재 륙
움집을 높은 곳에 지으니

碩人之軸
석 인 지 축
석인이 한가롭다.

獨寐寤宿
독 매 오 숙
홀로 자다 깨고 다시 누우며

永矢弗告
영 시 불 고
이 즐거움 남에게는 말하지 않으리.

세상에 쓰이지 않은 것은 '쓸모없음'을 말하는 것 같지만 사실은 그렇지 않습니다. 『장자』에 커다란 나무 이야기가 나옵니다.

이 나무는 가지가 구불구불하여 서까래나 들보로 만들 수 없었고, 뿌리는 속이 텅 비어 널을 짤 수도 없었어요. 잎을 핥아 보니 거칠어서 입안이 문드러지고 상처가 났어요. 냄새를 맡아 보니 어지러워 사흘이나 깨어날 수 없었지요. 도대체 이 나무는 쓸데없이 크기만 하고 재목감이 못 되는군! 이 나무를 본 사람이 불평했어요.

그러자 장자는 이렇게 말했어요. 쓸모가 없기 때문에 그 나무는 가지가 잘리지도 않고 뿌리가 뽑히지도 않고 장수할 수 있었다. 그러니 '무용지대용無用之大用', 쓸모없음은 더 큰 쓸모를 뜻하는 것이 아니겠는가?

　　「고반」은 은거하는 삶이 우리가 흔히 생각하듯 권력의 중심에서 버려진 '소외'가 아니라, 자족적 삶을 누리는 '자유'라는 것을 보여 줍니다.

　　요즘으로 치자면 고반은 백수의 삶이라고 할 수 있겠네요. '백수라니! 정말 한심하다.' 하겠지만, 일류 대학 나와서 일류 기업 들어가면 뭐 합니까? 맨날 윗사람 눈치, 아랫사람 눈치를 봐야 하고 언제 잘릴지 몰라 불안에 떠는데.

　　자기가 재미있는 일을 찾아서, 혹은 만들어서 하면서 살면 더 즐겁지 않을까요? 정해진 시간에 정해진 일만 하는 게 아니라 자기가 하고 싶은 일을 하고 싶을 때 하면서 사는 것.

　　누구에게나 자신만의 독특한 삶의 길이 있습니다. 그 길을 스스로 창조할 때 사는 게 즐겁습니다. 이 시에서 말하는 숨어 사는 즐거움이란 바로 그런 것이 아닐까요?

반짝반짝
작은 별

소성小星

반짝반짝 작은 별 동쪽 하늘에 빛나네.

밤길을 가네, 이른 아침부터 밤늦게까지 일을 하네.

이것은 운명이 다르기 때문이다.

반짝반짝 작은 별 삼성인가 묘성인가.

밤길을 가네, 이부자리를 안고 가네.

이것은 운명이 같지 않기 때문이다.

　『시경』에 별을 노래한 시가 한 편 있습니다. 소남 편의 「소성小星」
이라는 시입니다.

　'반짝반짝 작은 별 동쪽 하늘에 빛나네.'라는 첫 구절은 어린 시
절, 우리가 불렀던 동요와 비슷합니다. 그런데 별을 노래하면서 '나'의
삶도 함께 노래한 점이 다릅니다.

嘒彼小星　三五在東
혜 피 소 성　삼 오 재 동
반짝반짝 작은 별 동쪽 하늘에 빛나네.

肅肅宵征　夙夜在公
숙 숙 소 정　숙 야 재 공
밤길을 가네, 이른 아침부터 밤늦게까지 일을 하네.

寔命不同
식 명 부 동
이것은 운명이 다르기 때문이다.

'소성'은 다른 별이 뜨기 전에 뜨고, 다른 별이 지고 난 후 지는 작은 별을 가리키는 말이라고 합니다. 빛이 약해 사람들이 모두 잠든 아주 늦은 밤부터 이른 새벽에만 잠깐 보이는 작은 별입니다. 가장 깜깜한 밤하늘을 외롭게 지키는 작은 별이죠.

　이 별이 빛나는 모습을 '작은 소리 혜嘒'라는 글자로 표현했습니다. 멀리서 빛나는 아주 가냘픈 빛을 나타낸 것입니다. 사람들이 모두 잠든 시간에, 멀리서 빛나는 이 희미한 빛을 누가 볼까요.

　아무도 보는 이 없고, 찬란하게 빛나지도 않는 미미한 존재. 소성은 참 쓸모없는 존재인 것처럼 느껴집니다. 별이란 누가 봐 줘야 빛이 나는 것이고, 이왕 빛날 거면 크게 빛나야 가치가 있는 것이니까요. 그러나 이 소성을 보는 사람이 있습니다. 바로 이 시의 화자입니다.

　앞부분 두 번째 구절의 '이른 아침부터 밤늦게까지 일을 하네.'라는 것을 보았을 때 '나'는 하루 종일 일을 하는 고달픈 사람인 것 같습니다. 뒷부분의 '밤길을 가네, 이부자리를 안고 가네.'라는 구절을 보니 밤새 일을 해야 하는 경우도 있나 봅니다.

　관청의 말단 관리, 요즘으로 치자면 말단 회사원이 아닐까 추측을 해 봅니다.

　새벽부터 밤늦게까지 공부해야 하는 요즘 학생들의 생활과도 비슷하네요. 세상에서 제일 쉬운 일이 공부라고 어른들은 말씀하시죠.

하지만 하루 종일 정해진 시간표에 따라 무거운 가방을 들고 다녀야 하는 학생들 입장에선 공부만큼 중노동도 없습니다. 밤샘 근무하는 회사원 못지않게 고되죠.

학원에서 밤늦게까지 공부하다가 배가 고픈 학생들과 늦게까지 아이들을 가르치는 선생님들이 나란히 선 채 편의점에서 컵라면을 후루룩 먹는 모습을 보면 함께 야근하는 동료같이 보이기도 합니다.

嘒彼小星　維參與昴
혜 피 소 성　유 삼 여 묘
반짝반짝 작은 별 삼성인가 묘성인가.

肅肅宵征　抱衾與裯
숙 숙 소 정　포 금 여 주
밤길을 가네, 이부자리를 안고 가네.

寔命不猶
식 명 불 유
이것은 운명이 같지 않기 때문이다.

다른 별이 뜨기 전에 뜨고, 다른 별이 지고 난 후 지는 작은 별과 이른 아침부터 밤늦게까지 일을 하는 '나'의 처지가 비슷합니다. 고달프게 일하지만 알아주는 이는 별로 없는 존재라는 점이…….

그러나, 그렇기 때문에 '나'는 소성을 볼 수 있었겠지요. 밤늦게 일을 마치고 집으로 돌아가다가 잠깐 하늘을 올려다보았을 때 거기 가냘프게 빛나는 작은 별을 보았겠지요.

『주역』에 '동명상조同明相照 동류상구同類相求'라는 말이 있습니다. '같은 종류의 빛은 서로를 비추어 주고, 같은 종류의 물건은 서로 감응한다.'는 뜻입니다.

이 시에서 소성과 '나'는 고달프게 일하지만 알아주는 이가 없는 미미한 존재라는 점에서 같은 종류입니다.

그러나 야근을 하고 돌아가는 '나'를 가냘픈 빛의 소성이 비추어 주는 순간, 그리고 있는지 없는지 잘 분간도 가지 않는 그 외롭고 작은 별을 내가 쳐다보는 순간, 소성과 '나'는 운명의 공동체가 되어 소성은 더 이상 외롭지 않고 '나'의 삶도 더 이상 고달프지만은 않습니다.

별들의 운명은 다 다르다. 낮을 환하게 밝히는 해도 있고, 밤을 지키는 달도 있고, 겨울에 뜨는 별도 있고, 여름에 뜨는 별도 있다. 마찬가지로 사람의 일도 저마다 다르다. 왕은 왕으로서의 일이 있고, 변방을 지키는 병사는 또 병사로서의 일이 있지 않겠는가.

그건 각자의 능력과 처지에 따른 차이일 뿐, 마음을 다해서 일해야 하는 건 똑같다.

나보다 더 외롭고 고단한 저 하늘의 소성도 있지 않은가! 이른 아침에 나가고 밤늦게 돌아오는 덕분에 나는 남들이 보지 못하는 저 작고 아름다운 별을 볼 수 있지 않은가!

'이것은 운명이 같지 않기 때문이다.'

　이 시의 마지막 구절은 이렇게 자신의 운명을 긍정하고 사랑하는 삶의 태도를 보여 줍니다. 독일의 철학자 니체는 "아모르 파티(운명을 사랑하라)!"라고 얘기합니다. 운명을 사랑한다는 것은 무엇일까요?

　운명은 어떤 게 좋고 어떤 게 나쁘지 않습니다. 그냥 다 다를 뿐이죠. 그런데 우리는 살아온 습관에 따라 만들어진 많은 가치 판단을 가지고 운명에 차등을 두게 됩니다. 왕은 고귀하고 변방을 지키는 병사는 천하다고 생각합니다.

　이때 변방을 지키는 병사가 "나는 고귀한 존재인 왕이 되겠다!"고 하는 것은 운명을 사랑하는 것이 아닙니다. 그건 남의 자리를 탐내는 욕심이지요. 왕이든 병사든 자기가 처한 자리에서 최선을 다하는 삶. 그래서 자기가 선 자리에서 한 걸음 나아가 스스로 변화하는 것이 바로 운명을 사랑하는 것입니다.

　'반짝반짝 작은 별 동쪽 하늘에 빛나네.' 사람들 눈에 잘 띄지도 않는 이 사소한 반짝임. 작은 별 하나가 멀리 있는 친구에게 빛을 줍니다. 아무것도 아닌 삶을 즐거운 마음으로 받아들일 수 있는 힘을 줍니다.

『시경』을 읽으면 뭐가 좋을까?

"너희들은 왜『시경』을 공부하지 않느냐?『시경』을 배우면 감흥이 일고可以興, 사물을 올바로 보게 되고可以觀, 무리들과 잘 어울리고可以群, 잘못을 보고 원망하게 된다可以怨. 가까이는 부모님을 잘 모시게 되고 멀리는 임금을 잘 섬기게 된다邇之事父 遠之事君. 그리고 새, 짐승, 풀, 나무 등의 이름을 많이 알게 된다多識於鳥獸草木之名." ─『논어』양화 편

공자님은『시경』을 참 좋아했나 봐요.『논어』에 아들에 대한 얘기가 별로 없는데, 유독『시경』과 관련해서 아들과 주고받은 대화가 나옵니다.

아들아 너는『시경』을 읽었느냐? 아뇨, 아직 못 읽었습니다. 아니, 그걸 왜 아직 안 읽었어?『시경』을 안 읽으면 담장을 마주하고 있는 것과 같으니라.

공자님은 제자들에게도『시경』을 읽으라고 권하는 정도를 지나서 거의 닦달을 하고 계십니다. 그러면서 공자님은『시경』을 읽으면 좋은

점 여섯 가지를 조목조목 말씀해 주십니다. 한 가지씩 볼까요?

감수성이 풍부해진다

사랑하는 사람을 만나지 못해 안타까운 마음, 사랑하는 사람을 만나서 기쁜 마음, 전쟁터에 억지로 끌려가서 고향을 그리워하는 마음, 힘든 일을 하는 사람의 고달픈 마음, 부모님께 효도를 다하지 못해 후회하는 마음, 농사 지은 걸 탐관오리에게 다 빼앗긴 농부의 분노하는 마음, 나라가 망해서 갈 곳 없는 정처 잃은 마음…….

『시경』에는 참으로 다양한 처지의 다양한 감정들이 진솔하게 표현되어 있습니다. 이런 시를 읽으면 내가 직접 겪지 않아도 다양한 감정과 느낌과 생각들을 체험할 수 있어요. 감수성이 풍부해진다는 것은 세계에 대한 이해와 공감의 폭이 커지고 깊어진다는 뜻입니다.

장미꽃이 피어도 아무런 느낌이 없는 사람과 가슴이 설레는 사람. 여러분은 어떤 사람이 되고 싶은가요?『시경』을 읽으면 감수성이 풍부해져서 장미 한 송이가 피어나는 것을 보고도 온 우주의 신비를 느낄 수 있답니다.

정치를 잘하게 된다

어, 이상하다? 시와 정치는 분명히 다른 영역인데 어째서 공자님은 시를 읽으면 정치도 잘하게 된다고 말씀하셨을까요?

정치는 한 곳에 치우침 없이 공평무사하게 일을 처리하는 능력입니다. 재물과 정보가 물처럼 흘러서 세상이 원활하게 잘 돌아가게 하는 지혜라 할 수 있지요.

시도 그런 역할을 합니다. 하고 싶은 말을 못 하면 그것이 마음에 쌓여 병이 되는데, 시는 마음에 쌓인 울분을 풀어 줍니다. 아, 세상에 나 혼자가 아니구나! 누군가 내 말을 들어 주고 있구나! 나하고 같은 처지의 사람이 또 있구나!

이런 공감의 기쁨으로 답답한 마음이 풀어지면 자기만의 좁은 세계에서 벗어나 넓은 세상으로 나아갈 수 있게 됩니다. 이게 바로 세상을 화평하게 하는 길이죠. 그래서 공자님은 『시경』을 읽으면 정치를 잘하게 된다고 하셨답니다.

무리와 잘 어울리게 된다

시는 관계를 새롭게 하는 힘입니다. 아파트 정원에 있는 은행나무는 내가 관심을 갖기 전까지는 나에게 없는 것과 마찬가지입니다.

그런데 어느 날, 내가 그 은행나무 아래를 지나가면서 봄날 막 돋아나는 은행잎들이 배고프다고 칭얼대는 아가들의 숟가락 같다고 느낍니다. 그리고 그 느낌으로 "새봄의 은행잎들 아가들의 몽당구리 숟가락 같네."라는 시를 떠올렸다면, 전에는 나하고 전혀 상관없던 은행나무와 내가 시를 매개로 친구가 됩니다.

이렇게 시는 나이나 지역, 성별, 개체의 경계를 넘어 내게서 멀리 떨어져 있는, 그래서 나하고는 전혀 상관이 없을 것 같은 미지의 존재들과 새로운 관계를 맺게 해 줍니다.

『시경』에는 이런 시들이 삼백 편이 넘게 있으니 새로운 친구들을 얼마나 많이 사귈 수 있는 것일까요?

잘못을 싫어하게 된다

표현은 못해도 마음속에 하고 싶은 말이 가득할 때 가슴이 답답합니다. 이때 내 마음을 잘 표현한 시를 읽으면 나를 진정으로 이해해 주는 친구를 만난 것처럼 기쁩니다.

반면, 말귀가 하나도 통하지 않는 사람 앞에선 답답해서 죽을 것만 같습니다. 『시경』을 읽으면 이렇게 마음이 통하지 않는 상황을 견딜 수 없게 됩니다.

싫어하는 것은 아주 중요한 능력이랍니다. 논어 이인 편에 "오직 인자만이 사람을 좋아할 수도 미워할 수도 있다唯仁者 能好人 能惡人." 라는 말이 있어요. 지혜로운 사람만이 좋아하는 이의 잘못을 정확하게 보고, 그것과 싸울 수 있습니다.

문제를 발견하고 해결하려는 강력한 의지! 이것이 바로 '싫어하는 능력'입니다.

사람의 도리를 알게 된다

『시경』을 읽으면 가까이는 부모님을 잘 모시게 되고, 멀리는 임금을 잘 섬기게 된다고 합니다. 세상을 살아가는 올바른 이치가 담겨 있기 때문입니다.

예를 들어 효자를 기리는 「개풍」이라는 시에서는 따스한 남풍에 대추나무 새순이 돋아나듯, 맑은 이슬 한 방울에 새들이 고운 소리로 노래하듯 만물이 자연의 은혜에 사랑으로 보답합니다.

이런 시를 읽으면 나는 과연 부모님께 도리를 다하고 있는가, 자연스러운 세상의 이치에 따라 살고 있는가 돌아보게 됩니다. 부모님뿐만 아니라 친구들, 선생님들, 이웃들에게도 올바른 도리를 다하고자 노력하게 됩니다.

그래서 공자님은 『시경』을 읽으면 올바른 사람의 도리를 알고 행할 수 있다고 했습니다.

동식물의 이름을 많이 알게 된다

『시경』에는 풀 이름, 나무 이름, 새 이름, 물고기 이름, 곤충 이름, 수레나 악기, 그릇, 보석 이름 등등 언어가 매우 풍부합니다. 조선 시대의 실학자 정학유는 『시경』에 나오는 동식물을 정리해 『시명다식』이라는 책을 쓰기도 했지요. 언어가 풍부하다는 것은 그만큼 세계가 풍부하다는 뜻입니다.

노랑어리연꽃(행채荇菜), 칡(갈葛), 도꼬마리(권이卷耳), 씀바귀(차荼), 명아주(래萊), 하눌타리(과라果蓏) 등은 『시경』에 나오는 풀입니다. 복숭아나무(도桃), 팥배나무(감당甘棠), 밤나무(율栗), 옻나무(칠漆), 뽕나무(상桑), 구기자나무(기杞), 박달나무(단檀) 등은 『시경』에 나오는 나무예요.

여치(종사螽斯), 베짱이(초충草蟲), 메뚜기(부종阜螽), 귀뚜라미(실솔蟋蟀), 누에(잠蠶), 쥐며느리(이위伊威), 갈거미(소소蠨蛸), 반딧불이(소행宵行) 등은 『시경』에 나오는 곤충입니다.

방어(방魴), 철갑상어(전鱣), 자가사리(환鰥), 송어(준鱒), 가물치(례鱧), 거북(귀龜), 자라(별鼈), 피라미(조鰷) 등은 『시경』에 나오는 물고기지요.

『시경』은 이렇게 다양한 세계가 서로 만나고 부딪치며 구성하는 하나의 풍요로운 우주랍니다. 공자님 말씀처럼 정말 『시경』을 읽으면 어휘력이 풍부해져서 세계가 풍요로워지겠지요?

맺음말

감응과 소통의 노 래

『시경』의 여러 가지 매력을 한마디로 말하면 '감응과 소통의 능력'이라고 할 수 있겠습니다. 마음을 터놓고 얘기할 수 있고 들어 줄 수 있는 능력! 이것을 공자는 '사무사思無邪'라고 했습니다.

"『시경』의 시 삼백 편을 한 마디로 표현하면 생각에 사악함이 없게 하는 것이다."

사무사, 즉 생각에 사악함이 없다는 것은 거짓이 없다는 뜻입니다. 진실하다는 것, 자기의 마음을 속이지 않는 것을 말합니다. 참 간단한 일인데 이상하게도 쉽진 않아요.

우리는 복잡한 현대 사회에 살다 보니 자기도 모르게 마음의 말을 있는 그대로 하지 못하고 감추거나 거짓으로 꾸미게 됩니다. 있는 그대로 자기를 드러내지 못하고 뭔가 그럴듯한 명분으로 자신을 치장하려 합니다. 그러니까 말을 해도 속이 후련하지 않고, 다른 사람의 마음을 잘 헤아리지 못합니다.

『시경』은 삼천 년이라는 오랜 시간의 벽을 뚫고 우리를 찾아온 노래입니다. 요즘 노래들은 몇 년만 지나면 지겨워지잖아요. 그런데 삼천 년 전의 노래가 아직도 우리의 마음에 절절하게 와 닿는 것은 참 신기한 일입니다.

노래가 귀로만 들리는 게 아니라 오장육부를 울린다는 것! 그리하여 내가 잊고 있었던 새로운 감각을 일깨운다는 것! 공자가 말한 사무사는 『시경』의 바로 이러한 힘, 시간과 공간의 경계를 넘어 마음을 전하는 힘을 가리키는 말입니다.

『시경』이 가진 이 놀라운 생명의 에너지를 여러분과 나누고 싶어 열네 편의 시를 소개했습니다. 하지만 소개하지 못한 노래들이 더 많아요. 이 책을 징검돌 삼아 여러분이 드넓은 『시경』의 바다를 만날 수 있기를! 삼백여 편의 보석 같은 시들을 만나 여러분의 몸과 마음이 더욱 건강해지기를, 감응하고 소통할 수 있는 친구도 많이 사귈 수 있기를 바랍니다.

참고한 책

◐── 한자를 풀이하는 데 도움을 준 책
『시경집전 上 · 下』 성백효 옮김, 전통문화연구회, 2010
『신완역 시경』 김학주 역주, 명문당, 2002
삼천 년 전 옛 노래를 오늘의 살아 있는 시로 만드는 데는 어려움이 따릅니다. 원문에 충실하려니 시의 맛을 제대로 살리기가 힘들고, 시의 멋을 살리려다 보면 글자에서 뜻이 너무 멀어집니다. 전통문화연구회의 풀이는 한자 원문에 가장 충실합니다. 그런데 풀이가 다소 고풍스러워 지금 우리들에게는 금방 와 닿지 않습니다. 그래서 엄밀하면서도 요즘 우리말과 가까운 김학주 선생님의 풀이를 함께 참고했습니다.

◐── 배경을 이해하는 데 도움을 준 책
『사기』 사마천 지음, 까치글방, 1994
공자가 중국 고대 시가 3000여 편 중에서 305편을 골라서 정리했다는 것, 풍 · 아 · 송으로 구성되어 있다는 것과 같은 『시경』에 관한 기본적인 지식이 『사기』의 공자세가 편에 나옵니다. 뿐만 아니라 『사기』는 춘추 전국 시대의 역사를 전하고 있어 『시경』이 태어난 시대를 이해하는 데 많은 도움이 됩니다.

『논어집주』 성백효 옮김, 전통문화연구회, 2010
『논어』에는 『시경』의 중요성을 강조하는 이야기가 많이 나옵니다. 공자는 『시경』을 읽지 않으면 앞뒤가 꽉 막힌 담벼락 같은 사람이 되니 『시경』을 반드시 읽으라고 아들에게도 신신당부하고 있습니다. 또 『논어』에는 '사무사', '낙이불음 애이불상' 같은 『시경』을 설명하는 중요한 구절들이 많아요. 이 구절들은 후대 학자들에게 뜨거운 논쟁거리가 되었답니다.

◑——넓고 깊게 볼 수 있도록 도와준 책

『시명다식』 정학유 지음, 허경진·김형태 옮김, 한길사, 2007

다산 정약용의 둘째 아들인 정학유가 『시경』에 나오는 풀, 곡식, 나무, 채소, 새, 짐승, 벌레, 물고기의 이름, 모양, 습성 등을 자세히 소개하고 있는 책입니다. 『시경』은 노래책이지만 오늘날 우리들에게는 백과사전이기도 합니다. 『시경』에 나오는 많은 동식물들을 오늘날 우리들은 잘 모릅니다. 이때 『시명다식』을 펼쳐 보면 시에 나온 것이 어떤 풀인지, 시에서 어떤 뜻과 느낌으로 표현되었는지 알 수 있답니다.

『중국의 고대 축제와 가요』 마르셀 그라네 지음, 신하령·김태완 옮김, 살림, 2005

『시경』을 좁은 해석의 틀에 가두기보다 원래의 자리, 즉 풍부한 삶 속에 풀어 주기 위해 그라네는 고대의 정치, 사회, 문화, 민속, 종교 등에 관한 방대한 문헌을 뒤집니다. 그리고 풍부한 상상력으로 죽어 있는 자료에서 살아 있는 의미들을 찾아냈지요. 그라네는 『시경』이 중국 고대 축제에서 불리던 노래라고 주장합니다. 시가 축제의 어떤 장면과 어떤 분위기 속에서 불렸는지를 생생하게 재현하는 그라네의 연구는 『시경』에 접근하는 새로운 방법을 제시합니다.

『조선 후기의 시경론과 시의식』 김흥규 지음, 고려대학교 민족문화연구소, 1988

우리나라에서 『시경』에 대해 어떤 얘기들을 해 왔는지 그리고 그 이야기들을 통해 '시'를 보는 관점이 어떻게 달라졌는지 살펴보는 책입니다. 조선 중기까지는 '시'를 바른 생활을 위한 도덕 교과서라고 생각했어요. 그런데 조선 후기에는 정약용, 이옥 등이 막연하고 추상적인 생각이 아니라 지금 여기의 생생한 현실로서 '시'를 이야기합니다.

웅진주니어

시경
내 마음을 울리는 삼천 년 전 옛 노래

초판 1쇄 발행 2014년 11월 28일
초판 2쇄 발행 2017년 10월 17일

글쓴이 정경미 그린이 이정호
펴낸이 윤새봄 연구개발실장 장윤선 편집인 이화정 책임편집 최민정
디자인 그림문자 마케팅 신동익, 문혜원 제작 신홍섭

펴낸곳 (주)웅진씽크빅
주소 경기도 파주시 회동길 20 (우)10881
주문전화 02-3670-1005, 1024 팩스 031-949-1014
문의전화 031-956-7237(편집), 02-3670-1005(영업)
홈페이지 www.wjjunior.com 블로그 wj_junior.blog.me
페이스북 www.facebook.com/wjbook 트위터 (@wjbooks)
출판신고 1980년 3월 29일 제 406-2007-00046호 제조국 대한민국

이 도서의 국립중앙도서관 출판예정도서목록(CIP)은 국가자료공동목록시스템
홈페이지(http://www.nl.go.kr/kolisnet)에서 이용하실 수 있습니다. (CIP제어번호:CIP2014031794)

잘못 만들어진 책은 바꾸어 드립니다. 웅진주니어는 환경을 위해 콩기름 잉크를 사용합니다.
※주의 1_책 모서리가 날카로워 다칠 수 있으니 사람을 향해 던지거나 떨어뜨리지 마십시오.
       2_보관 시 직사광선이나 습기 찬 곳은 피해 주십시오.

ISBN 978-89-01-16638-4 44080
ISBN 978-89-01-06043-9(세트)